◎京师国际刑事法文库（11）
◎外国刑事法翻译系列之四

保加利亚刑法典

PENAL CODE OF BULGARIA

陈志军　译

中国人民公安大学出版社
·北　京·

图书在版编目（CIP）数据

保加利亚刑法典/陈志军译．—北京：中国人民公安大学出版社，2007.9

（京师国际刑事法文库（11）；外国刑事法翻译系列之四）

ISBN 978-7-81109-831-0

Ⅰ．保…　Ⅱ．陈…　Ⅲ．刑法—法典—保加利亚

Ⅳ．D954.44

中国版本图书馆 CIP 数据核字（2007）第 138905 号

保加利亚刑法典

PENAL CODE OF BULGARIA

陈志军　译

出版发行：中国人民公安大学出版社

地　　址：北京市西城区木樨地南里

邮政编码：100038

经　　销：新华书店

印　　刷：北京蓝空印刷厂

版　　次：2007 年 9 月第 1 版

印　　次：2007 年 9 月第 1 次

印　　张：7.375

开　　本：880 毫米×1230 毫米　1/32

字　　数：175 千字

印　　数：0001～3000 册

ISBN 978-7-81109-831-0/D·781

定　　价：25.00 元

本社图书出现印装质量问题，由发行部负责调换

联系电话：(010) 83903254

E-mail：cpep@public.bta.net.cn

www.phcppsu.com.cn　　www.porclub.com.cn

北京师范大学刑事法律科学研究院
京师国际刑事法文库

总　序

20世纪70年代末80年代初以来，为顺应现代社会发展进步的历史潮流，在坚定不移地推行改革开放的基本国策的同时，中国政府尤为注重社会主义法治的建设与发展。随着立法日益健全，司法不断完善，法学欣欣向荣，国家和社会已经步入现代法治的轨道，从而有力地维护和推动了经济、政治、文化乃至整个社会全方位的发展与进步。在中国社会发展进步的历程中，社会主义法治系统必将发挥日益重要的作用。这一系统的发展完善离不开法学理论的引导和推动。因此，进一步重视法学研究，尤其是外向型、国际型法学研究，无疑具有长远的战略意义，刑法学领域亦然。

北京师范大学刑事法律科学研究院（以下简称研究院）是北京师范大学重点建设的专门从事刑事法学研究的中国刑事法学领域首家且目前系唯一的具有独立性、实体性、综合性的新型学术研究机构和研究生培养单位。研究院立足本国国情，在大力发展中国刑事法学研究的同时，专设国际刑法研究所，关注国际刑法学基础理论建设，并注重对当前国际刑事法理论与实务中热点、难点问题的研究。研究院国际刑法学方面的研究力量以本单位的教师和博士生为基本队伍，同时聘任、定向联系国内外一些著名大学和研究机构的知名刑事法及国际法专家学者、国际刑事审判机构的法官、联合国暨国际学术研究机构的知名学者。研究院的学术研究范围主要包括：国际刑法的基础理论、国际犯罪、国际刑事审判、国际刑事司法协助与合作等。研究院力图通过课题研究、学术研讨活动以及同国内外专家、学者和学术机构的学术交流与合作研究等多种渠道、多种形式，努力促进与繁荣我国外向型和国际型刑事法学研究，以适应国家在改革开放中加强刑事法制建设的需要。

“京师国际刑事法文库”，是以开拓和繁荣外向型、国际型刑事法学研究为主旨的一种学术载体形式，与研究院的“京师刑事法文库”分工不同、相辅相成。本“文库”在广义上理解国际刑事法，拟出版国内外专家学者在国际刑法、比较刑法、外国刑法等方面的科研成果，可以是专题研究、综合研究，可以是国外、境外法典、著作的译作或介述研究之作，还可以是国内外专家学者的合作研究项目。其中，研究性著作应具有较高的学术水平，译著、介述书籍和工具书、资料书等当有重要的参考价值。

古人云：“合抱之木，生于毫末；九层之台，起于垒土；千里之行，始于足下。”聚沙成塔，集腋成裘。我们希望能通过以文库形式的逐步积累，为我国国际刑法学和其他外向型刑法学的发展脚踏实地地做一点事，为法治之昌盛和社会之进步，作出应有的贡献。

是为序。

北京师范大学刑事法律科学研究院
院长　赵秉志　谨识
2006年6月

College for Criminal Law Science of Beijing Normal University

International Criminal Law Library of BNU

Preface

Since the late 1970s and early 1980s, Chinese government, to be in conformance with the trend of progressive development of modern society, has put a special emphasis on the construction and development of socialist legal system, besides firmly adhering to the principal national policy of reform and opening – up to the foreign countries. Along with the gradual perfection of legislation and judicial practice, legal science thrives and our country and society is stepping to the track of modern rule of law, which further forcefully safeguards and facilitates the development and progress of all fields such as economy, politics, culture and even the whole society. In the course of social development and progress in China, our socialist legal system will certainly play a more and more important role, which, however, is impossible without the legal theory to pilot and drive. In other words, it is of significance of long – term strategy to further reinforce legal science studies (including criminal jurisprudence studies), especially extrovert and international legal studies.

The College for Criminal Law Science of Beijing Normal University, founded in August of 2005, is the first and, at present, the only academic research organ in China specializing in criminal jurisprudence that is independent and comprehensive entity and undertakes the mission of educating postgraduates. Basing itself upon the situation of China, The College, in addition to fully developing the studies on Chinese criminal law, specially establishes the Institute for International Criminal Jurisprudence Studies focusing on constructing the basic theory of international criminal jurisprudence and researching the theoretic and practical hot - topics and difficulties in current international criminal law. The main force of international criminal jurisprudence staffed the College is the professors and doctorate candidates thereof, besides those who are invited as fellow researchers or fellow professors such as famous scholars and specialists engaging in criminal and international law from the prestigious universities and academic organizations home and abroad, judges from the international criminal judicial agencies and famous scholars from UN and international academic research organizations. With respect to the international criminal jurisprudence, the main academic domain of the College covers the basic theory of international criminal jurisprudence, international crimes, international criminal trial, international criminal judicial assistance and so on. The College seeks to facilitate and thrive studies on the extrovert and international criminal law through various channels and programs such as project researches, academic workshops, academic exchange and cooperation with domestic and foreign specialists, scholars and academic organs, so as to meet the requirements of strengthening criminal legal construction in the course of reform and opening up to the foreign countries.

International Criminal Law Library of BNU, undertaking different missions from Criminal Jurisprudence Library of BNU but supplementing each other, seeks to exploit and deepen and thrive the academic researches on extrovert and international criminal jurisprudence. With a broad understanding of international criminal law, the library consists of the academic achievements by domestic and foreign specialists and scholars on international criminal law, comparative criminal law and foreign criminal law, which may be of either special topics or general topics in a rather profound academic level, or introduction or translations of foreign literatures and codifications with much value of references, or research projects co – operated by domestic and foreign specialists.

As an ancient master said, "A huge tree grows from a tiny seedling; A nine – storey tower begins with a pile of earth; A thousand – li journey begins with the first step." "Grains of sand piled up make a pagoda; The finest fragments of fox fur, sewn together, will make a robe." Through the program of library, we seek to accumulate academic fruits and develop the international jurisprudence and other extrovert criminal jurisprudence, so as to make our contributions to the prosperity of rule of law and progress of the society.

Prof. Zhao Bing-zhi
Dean of College for Criminal Law Science
Beijing Normal University
In June of 2006

前 言

保加利亚位于欧洲巴尔干半岛东南部。北界罗马尼亚，南接土耳其和希腊，西邻塞尔维亚和马其顿，东濒黑海。保加利亚人的祖先是从中亚迁来的古保加利亚人，公元 395 年并入拜占庭帝国。681 年，古保加利亚人和斯拉夫人、色雷斯人在汉阿斯巴鲁赫的领导下，战胜了拜占庭帝国的军队，在多瑙河流域建立斯拉夫保加利亚王国（史称第一保加利亚王国）。1018 年再次被拜占庭侵占。1185 年保加利亚人起义，建立第二保加利亚王国。1396 年被土耳其奥斯曼帝国侵占。1877 年俄国对土耳其宣战，土耳其战败，1878 年 2 月俄土战争结束后，保加利亚摆脱土耳其的统治获得独立，曾一度实现统一。但由于因战争而筋疲力尽的俄国无法顶住英、德、奥匈帝国等西方列强的压力，根据 1878 年 7 月 13 日签订的《柏林条约》，保加利亚被一分为三。1885 年 9 月 6 日，在保加利亚人民争取统一的民族民主运动达到高潮之际，保加利亚又实现了南北统一。保加利亚在两次世界大战中均为战败国。1944 年 9 月苏联红军进人保加利亚，保加利亚人民在共产党的领导下举行武装起义，在苏联红军帮助下，推翻了法西斯政权，成立了祖国阵线政府。1946 年 9 月宣布废除君主政体，同年 9 月 15 日宣布成立保加利亚人民共和国，此后保加利亚共产党长期处于执政地位。1989 年政局发生剧变。1990 年 11 月 15 日改国名为保加利亚共和国。2005 年 5 月 11 日，保加利亚议会投票表决批准了保加利亚加入欧盟的条约。2007 年 1 月 1 日正式成为欧盟成员国。

保加利亚较早就进行了近代意义上的刑事法立法活动，于1896年就颁布了刑法典。保加利亚人民共和国成立后，于1951年2月2日通过了《保加利亚人民共和国刑法典》。1968年4月通过了新的《保加利亚人民共和国刑法典》，于1968年5月1日实施。该法典虽然迄今经历了61次修正，仍然为现在的保加利亚共和国所沿用。保加利亚刑法典的主要内容有：

1. 刑法典的体系

保加利亚刑法典分为总则和分则两部分。总则包括以下十一章：第一章刑法典的宗旨与适用范围；第二章犯罪；第三章应负刑事责任的人；第四章刑罚；第五章量刑；第六章对未成年人的特殊规定；第七章已判刑罚的免除；第八章刑事责任的免除；第九章追诉时效与行刑时效；第十章复权；第十一章强制治疗措施。分则包括以下十五章：第一章危害共和国罪；第二章侵犯人身罪；第三章侵犯公民权利罪；第四章侵犯婚姻、家庭与未成年人罪；第五章侵犯财产罪；第六章破坏经济罪；第七章妨害金融、税收与保险制度罪；第八章妨害国家机关、公共组织和公务人员活动罪；第九章文书犯罪；第九章A计算机犯罪；第十章破坏公共秩序和治安罪；第十一章公共危险罪；第十二章危害国防能力、国家秘密和外国情报罪；第十三章军事犯罪；第十四章破坏和平与危害人类罪。大部分章下设节，节下是条，条下设款，款下设项。

2. 刑法典的基本原则

（1）罪刑法定原则。保加利亚刑法典第2条第1款规定：“对所有的罪行都适用在其实施之时生效的法律。”（2）罪刑相称原则。保加利亚刑法典第35条第3款规定：“刑罚应当与犯罪相称。”（3）罪责自负原则。保加利亚刑法典第35条第2款规定：“刑罚只能适用于实施了违反法律规定的犯罪的人。”

3. 刑法典的地域效力

保加利亚刑法典采取以属地管辖、属人管辖为原则，以有限的保护主义和有限的普遍管辖为补充的刑事管辖权体制。

4. 外国刑事判决效力的承认

保加利亚刑法典原则承认外国刑事判决的效力：（1）刑法典第7条规定："在第4条（属人管辖－译者注）和第5条（保护管辖－译者注）所适用的案件中，应当把在国外所受的候审羁押与被执行的刑罚扣除。如果在国外所受之刑罚与根据保加利亚刑法典应受之刑罚不相称的，则法院在量刑时应当考虑其在国外已受的刑罚。"（2）刑法典第8条规定："在保加利亚共和国参加的国际条约有规定的情况下，应当考虑外国法院针对保加利亚刑法典有管辖权的犯罪所作出的裁判。"

5. 刑法典的溯及力

保加利亚刑法典采取从旧兼从轻原则。保加利亚刑法典第2条第1款规定："对所有的罪行都适用在其实施之时生效的法律。"第2款规定："如果在裁判生效之前存在可适用的不同的法律时，适用最有利于行为人的法律。"

6. 犯罪的概念

保加利亚刑法典规定了犯罪的概念。第9条第1款规定："犯罪是犯罪人实施的、法律规定可处以刑罚的、具有社会危险性的行为（作为和不作为）。"第2款规定："如果某一行为不具有社会危险性或者其社会危险性显著轻微的，即使其形式上符合法律规定的犯罪构成特征，也不认为是犯罪。"可见，保加利亚刑法典所规定的犯罪概念属于混合概念，与我国刑法类似。

7. 责任主义原则

保加利亚刑法典第11条第1款明确地宣示了责任主义原则："只有故意或者过失地实施社会危险行为时，才能构成犯罪。"该条还规定了故意与过失的定义、明确了以处罚故意犯罪为原则处罚过失犯罪为例外的原则、明确了不处罚偶然的结果加重犯的原则。第 14 条还规定："对犯罪构成的客观方面要件缺乏认识的，阻却故意的成立。""对犯罪构成的客观方面要件缺乏认识，不是出于过失的，阻却过失的成立。"第 15 条规定："如果行为人没有义务预见或者无法预见社会危险结果的发生的，则不构成犯罪(偶然行为)。"

8. 刑事责任能力

(1) 刑事责任年龄。保加利亚刑法典规定的刑事责任年龄分为三个阶段：不满 14 周岁为完全无刑事责任能力阶段；已满 14 周岁到不满 18 周岁为相对刑事责任年龄阶段，是否承担刑事责任需要具体地判断其是否具有辨认能力和控制能力；已满 18 周岁为完全刑事责任能力阶段。(2) 精神病人的刑事责任能力。保加利亚刑法典把精神病人的刑事责任能力区分为犯罪能力和承担刑事责任的能力两部分。就犯罪能力而言，保加利亚刑法典规定，处于精神发育不全、持续或短期的精神错乱之精神病状态下的人，在实施行为时不能理解其行为的性质或意义或者不能控制其行为的，不负刑事责任。就承担刑事责任能力而言，保加利亚刑法典规定，行为人在实施犯罪后陷入了精神错乱状态，不能理解其行为的性质或意义或者不能控制其行为的，到判决作出之时仍然如此的，不能执行刑罚。如果其精神状态恢复正常的，就应当执行刑罚。

9. 正当化事由

保加利亚刑法典规定了正当防卫、为扭送犯罪嫌疑人到有权机关而对其造成必要损害、对被羁押的犯罪人造成的必要损害、紧急避险、合理的冒险行为、执行命令的行为等正当行为。

10. 犯罪未完成形态

保加利亚刑法典规定了犯罪预备与犯罪未遂两种犯罪未完成

形态。(1) 犯罪预备。保加利亚刑法典第 17 条规定:“预备,是指在实行犯罪之前,为实施所计划的犯罪,准备工具、寻找同伙、创造条件。”“只有在法律有规定的情况下,才处罚预备。”“行为人基于自己的意志而放弃实行犯罪的,不处罚。”可见,保加利亚对犯罪预备的处罚以分则条文有明确规定的为限。而且不处罚犯罪预备中止。(2) 犯罪未遂。保加利亚刑法典第 18 条规定:“未遂,是指着手实行一个故意犯罪,但是没有实行终了,或者虽然已经实行终了,但是法律规定的或者行为人希望的犯罪结果没有发生。”“对犯罪未遂,比照既遂犯的刑罚,考虑犯罪目的的实现程度与犯罪未完成的原因进行处罚。”“当未遂的行为人基于自己的意志实施下列行为时,不处罚:(a) 放弃完成犯罪行为的;(b) 阻止犯罪结果发生的。”可见,保加利亚也不处罚实行阶段的犯罪中止。(3) 对因为中止而形成的犯罪预备和犯罪未遂不予处罚之例外。[①]前述情形下,因中止而导致的犯罪预备和犯罪未遂不予以处罚的规定,仅限于尚未独立地构成其他犯罪的情形。保加利亚刑法典第 19 条规定:“在第 17 条第 3 款(预备中止 - 译者注)和第 18 条第 3 款(实行阶段中止 - 译者注)规定的情况下,如果所规定的预备与未遂行为已经符合另一犯罪的构成特征的,则行为人应当对该罪行承担刑事责任。”

11. 共同犯罪

(1) 只承认故意犯罪的共同犯罪。保加利亚刑法典中的共同犯罪仅限于故意犯罪。保加利亚刑法典第 21 条第 2 款规定:“教唆犯和帮助犯只对其故意教唆和故意帮助的实行犯的罪行承担刑事责任。”(2) 共同犯罪人的分类。保加利亚刑法典规定,故意犯罪中的共犯包括:实行犯、教唆犯与帮助犯。并分别对这三种共

① 保加利亚刑法典没有把犯罪中止规定为与犯罪预备、犯罪未遂并列的一种犯罪未完成形态,而是分别归入后两者之中。

同犯罪人的定义作出了规定。（3）非身份犯可以构成身份犯的共犯。保加利亚刑法典第21条第3款规定："当法律规定构成某罪行要求实行犯必须具备一定的身份时，不具备这种身份的教唆犯、帮助犯也应当以该罪行承担刑事责任。"（4）共同犯罪的量刑原则。保加利亚刑法典第21条第1款规定："对共同犯罪人应当按照犯罪的法定刑，考虑其参与的性质、程度进行处罚。"该条第4款规定："部分共犯人所特有的免除处罚事由、减轻处罚事由、加重处罚事由的效力，不能及于没有这种事由的其他共犯人。"第22条规定，除非其中止之前的行为已经构成其他独立的犯罪，"如果教唆犯、帮助犯基于自己的意志，放弃继续参与犯罪，并阻止犯罪的实行或者防止犯罪结果发生的，则不应当处罚。"

12. 罪数

保加利亚刑法典总则第二章第四节对连续犯等罪数形态和数罪并罚的方法等作出了具体的规定。

13. 刑罚的目的

保加利亚刑法典第36条规定了刑罚的目的。该条第1款先从正面加以规定："应当基于下列目的来适用刑罚：（1）改善罪犯使其遵守法律与良好的道德；（2）对犯罪人产生预防性影响并消除其再犯可能性；（3）对其他社会成员产生教育和警示的效果。"该第2款再从反面进行规定："刑罚不能以造成肉体伤害和侮辱人格尊严为目的。"

14. 刑罚的种类

保加利亚的刑罚包括以下种类：（1）不可变更的终身监禁；（3）终身监禁；（3）监禁；（4）缓刑；（5）没收现有财产；（6）罚金；（7）剥夺从事一定国家公职的资格；（8）剥夺从事一定职业或活动的资格；（9）剥夺获得奖章、荣誉头衔和蓝色绶带荣誉的权利；（10）剥夺军衔；（11）公开训诫。值得关注的是，为了加入欧盟，保加利亚 1998 年 12 月 23 日废止了死刑，并在刑法典第 36 条第 3 款明确规定：“保加利亚共和国没有死刑。”为此，增设了“不可变更的终身监禁”以替代死刑。刑法典第 37 条第 2 款规定：“对于威胁保加利亚共和国根基的最严重犯罪和其他特别危险的故意犯罪，不可变更的终身监禁可以作为一种暂时的极端措施予以适用。”

15. 未成年人犯罪的特殊规定

保加利亚刑法典在总则第六章专章规定了对未成年犯罪人予以从宽处罚的问题。

16. 刑罚消灭制度

第一，赦免制度。保加利亚刑法典第 74 条规定：“总统可以依据《赦免法》的规定，全部或者部分地赦免罪犯被判处的刑罚，也可以对不可变更的终身监禁予以减刑或者适用替代措施。”第二，追诉时效制度。保加利亚刑法典第 80 条第 1 款规定：“经历以下期间后，刑事追诉将不再提起：（1）可以判处不可变更的终身监禁、终身监禁行为的，经过 20 年；谋杀二人或二人以上的，经过 35 年；（2）可以判处 10 年以上监禁行为的，经过 15 年；（3）可以判处 3 年以上监禁行为的，经过 10 年；（4）可以判处 1 年以上监禁行为的，经过 5 年；（5）其他行为，经过 2 年。”第 79 条第 2 款规定：“危害和平与人类罪的刑事追诉、刑罚执行不受时效的限制。”此外，还规定了追诉时效的中止与中断制度。第三，行刑时效制度。保加利亚刑法典第 82 条第 1 款规定：“被判处的刑罚经过下列期间后不再有效：（1）如果刑罚是不可变更的终身监禁、终身监禁的，经过 20 年；（2）如果刑罚是 10 年以上监禁的，经过 15 年；（3）如果刑罚是 3 年至 10 年监禁的，经过 10 年；（4）如果刑罚是不满 3 年监禁的，经过 5 年；（5）所有其他情况，经过 2 年。”此外，还规定了行刑时效的中止与中断制度。（4）自诉犯罪时效的特殊规定。保加利亚刑法典第 84 条规定："对于根据被害人的控告而起诉的自诉犯罪，如果被害人在知悉犯罪实施之日起6个月内，没有提出起诉的，即使尚未过时效，也不能提起刑事追诉。""如果被害人在这一期间届满前死亡的，其继承人可以在期间届满前提起控告。""在自诉犯罪的刑罚开始执行前，如果被害人提出不执行刑罚的要求，则对这些犯罪所处的刑罚不能生效。"

17. 复权制度

保加利亚刑法典在总则第十章专章对复权制度作了具体的规定。

由于水平所限，不当之处，敬请读者批评指正。

陈志军
2007 年 7 月 28 日

目　录[①]

① 目录为译者所加。

保加利亚刑法典

1968 年 4 月 2 日第 26 号国家公报公布，1968 年 4 月 12 日第 12 号国家公报校正，1968 年 5 月 1 日实施，1969 年 11 月 28 日第 92 号国家公报修正，1973 年 3 月 30 日第 26 号国家公报修正，1973 年 4 月 3 日第 27 号国家公报修正，1974 年 11 月 15 日第 89 号国家公报修正，1975 年 12 月 12 日第 95 号国家公报修正，1977 年 1 月 11 日第 3 号国家公报修正，1978 年 7 月 11 日第 54 号国家公报修正，1979 年 11 月 9 日第 89 号国家公报修正，1982 年 4 月 9 日第 28 号国家公报修正，1982 年 4 月 20 日第 31 号国家公报校正，1984 年 6 月 5 日第 44 号国家公报修正，1985 年 5 月 28 日第 41 号国家公报修正，1985 年 10 月 11 日第 79 号国家公报修正，1985 年 10 月 15 日第 80 号国家公报校正，1986 年 11 月 18 日第 89 号国家公报修正，1986 年 11 月 21 日第 89 号国家公报校正，1986 年 11 月 18 日第 90 号国家公报修正，1989 年 5 月 16 日第 37 号国家公报修正，1989 年 11 月 24 日第 91 号国家公报修正，1989 年 12 月 22 日第 99 号国家公报修正，1990 年 2 月 2 日第 10 号国家公报修正，1990 年 4 月 17 日第 31 号国家公报修正，1990 年 10 月 9 日第 81 号国家公报修正，1991 年 1 月 4 日第 1 号国家公报修正，1991 年 10 月 18 日第 86 号国家公报修正，1991 年 11 月 1 日第 90 号国家公报校正，1991 年 12 月 19 日第 105 号国家公报修正，1992 年 7 月 3 日第 54 号国家公报补充，1993 年 2 月 5 日第 10 号国家公报修正，1995 年 6 月 1 日第 50 号国家公报修正，

1995 年 11 月 3 日第 97 号国家公报修正，1995 年 11 月 21 日第 102 号国家公报修正，1996 年 12 月 17 日第 107 号国家公报修正，1997 年 8 月 4 日第 62 号国家公报修正，1997 年 9 月 26 日第 85 号国家公报修正，1997 年 12 月 16 日第 107 号国家公报修正，1998 年 7 月 21 日第 83 号国家公报补充，1998 年 7 月 24 日第 85 号国家公报修正，1998 年 11 月 5 日第 132 号国家公报修正，1998 年 11 月 11 日第 133 号国家公报修正，1998 年 12 月 23 日第 153 号国家公报修正，1999 年 1 月 26 日第 7 号国家公报修正，1999 年 6 月 4 日第 51 号国家公报修正，1999 年 9 月 14 日第 81 号国家公报修正，2000 年 3 月 17 日第 21 号国家公报修正，2000 年 6 月 23 日第 51 号国家公报修正，2000 年 9 月 1 日第 98 号国家公报修正，2001 年 4 月 26 日第 41 号国家公报补充，2001 年 11 月 23 日第 101 号国家公报修正，2002 年 4 月 30 日第 45 号国家公报修正，2002 年 9 月 27 日第 92 号国家公报修正，2004 年 3 月 30 日第 26 号国家公报修正，2004 年 11 月 23 日第 103 号国家公报修正，2005 年 3 月 22 日第 24 号国家公报修正，2005 年 5 月 20 日第 43 号国家公报修正，2005 年 9 月 20 日第 76 号国家公报修正，2005 年 10 月 28 日第 86 号国家公报修正，2005 年 11 月 4 日第 88 号国家公报修正，2006 年 7 月 21 日第 59 号国家公报修正，2006 年 9 月 12 日第 75 号国家公报修正，2006 年 12 月 19 日第 102 号国家公报修正。

总　则

第一章　刑法典的宗旨与适用范围

第一节　刑法典的宗旨

第1条

1. （1991年第1号国家公报修正）刑法典的宗旨是保护人格、公民权利与本国所确立的全部法律秩序免受侵犯。

2. 为了实现这一宗旨，刑法典对哪些社会危险行为构成犯罪、对这些犯罪所科处的刑罚与可以替代刑罚而适用公共改善教育措施的情形作出规定。

第二节　刑法典的适用范围

第2条

1. 对所有的罪行都适用在其实施之时生效的法律。

2. 如果在裁判生效之前存在可适用的不同的法律时，适用最有利于行为人的法律。

第3条

1. 本刑法典适用于在保加利亚共和国领域内实施的所有犯罪。

2. 对享有保加利亚共和国司法豁免权的外国人的刑事责任的解决，根据保加利亚共和国所承认的国际法准则处理。

第4条

1. 本刑法典适用于保加利亚共和国公民在国外实施的犯罪。

2.（2006年第75号国家公报修正）保加利亚共和国公民不能被引渡到外国或在国际法庭接受审判或执行刑罚，但已由保加利亚共和国签署且在本国公布生效的国际条约中另有规定的除外。

第5条

本刑法典也适用于外国人在国外针对保加利亚国家或保加利亚公民的利益实施的具有自然犯性质的犯罪。

第6条

1. 本刑法典也适用于外国人在国外针对外国国家或外国公民的利益实施的危害和平与人类罪。

2. 本刑法典也适用于外国人在国外任何地方实施的有保加利亚共和国所参加的国际条约所规定的其他犯罪。

第7条

在第4条和第5条所适用的案件中，应当把在国外所受的候审羁押与被执行的刑罚扣除。如果在国外所受之刑罚与根据保加利亚刑法典应受之刑罚不相称的，则法院在量刑时应当考虑其在国外已受的刑罚。

第8条

在保加利亚共和国参加的国际条约有规定的情况下，应当考虑外国法院针对保加利亚刑法典有管辖权的犯罪所作出的裁判。

第二章　犯　　罪

第一节　一般规定

第9条

1. 犯罪是犯罪人实施的、法律规定可处以刑罚的、具有社会危险性的行为（作为和不作为）。

2. 如果某一行为不具有社会危险性或者其社会危险性显著轻

微的，即使其形式上符合法律规定的犯罪构成特征，也不认为是犯罪。

第10条（1995年第50号国家公报修正）

社会危险性，是指行为所具有的对人格、公民权利、财产、保加利亚共和国宪法确立的法律秩序与法律所保护的其他利益构成威胁或侵害的特征。

第11条

1. 只有故意或者过失地实施社会危险行为时，才能构成犯罪。

2. 行为人认识到行为的社会危险性、预见到行为可能导致社会危险的结果且希望或容认该结果发生的，认定为故意。

3. 行为人没有预见到社会危险结果的发生，但是其有义务预见且本来能够预见，或者行为人已经预见到结果的发生，但是曾经意图防止结果发生的，认定为过失。

4. 对于过失行为，只有在法律有规定时才以犯罪论处。

5. 当法律把附随出现的社会危险结果规定为更严重的犯罪时，在不要求对这些结果存在故意的情况下，如果行为人对之存在过失的，应当对这一更重的犯罪承担刑事责任。

第12条

1. 正当防卫行为不被认为具有社会危险性。正当防卫，是指为了保护国家利益、公共利益、本人或者他人的人格、权益免受紧迫的不法侵害，在必要的限度范围内对侵害人造成损害的行为。

2. 当防卫与侵害的性质和危险明显不相当时，属于防卫过当。

3. （1997年第62号国家公报修正；2006年第75号国家公报修正）在以非法暴力的方式侵入住宅实施侵害或者侵害伴随有非法侵入住宅情形时，所实施的急迫的防卫，不存在防卫过当。

4. （1982年第28号国家公报修正；1997年第62号国家公报

修正）如果防卫过当行为是因惊恐或慌乱所导致的后果时，则不承担刑事责任。

第12条a

1.（1997年第62号国家公报修正）对于实施了犯罪行为的人，为了将其移交给有权机关与防止其再犯罪而对其造成损害的行为，不具有社会危险性。除非对其的羁押是不必要的，并且证明在羁押期间对其滥用了法律措施。

2. 对于实施了犯罪行为的人所采取的必要的羁押措施在下列情况下被视为存在滥用：被羁押人所实施的犯罪与羁押的情况之间在社会危险的性质、程度上存在明显的差异；没有任何必要地对被羁押人造成明显的损害。在这些情况下，只有当造成的损害是故意的时，才承担刑事责任。

第13条

1. 为了使国家利益、公共利益、本人或他人的人身、财产免受即刻的危险，在迫不得已的情况下，行为人别无他法地实施行为，如果所造成的损害小于所避免的损害，则不具有社会危险性。

2. 当避免危险的行为正好构成某一犯罪时，不属于迫不得已。

第13条a（1982年第28号国家公报修正）

1. 为了获得对社会实际有用的结果或者为了避免较大的损害，而实施伴随正当的经济冒险的行为，符合下列条件的，不具有社会危险性：与规定相关准则的法律的明确禁令不矛盾；与现代科学技术成就和经验相一致；不对他人的生命和健康造成危险；行为人已经为了防止有害结果的发生采取了一切措施。

2. 在确定冒险是否正当时，既要考虑所追求的积极结果与可能的消极结果的大小比较，也应当考虑它们发生的可能性的大小之比较。

第 14 条

1. 对犯罪构成的客观方面要件缺乏认识的，阻却故意的成立。

2. 对犯罪构成的客观方面要件缺乏认识，不是出于过失的，阻却过失的成立。

第 15 条

如果行为人没有义务预见或者无法预见社会危险结果的发生的，则不构成犯罪（偶然行为）。

第 16 条

执行依据规定的程序所下达的不合法的职务命令的行为，不构成犯罪。但对行为人能明显地识别该命令属于犯罪的除外。

第二节　预备与未遂

第 17 条

1. 预备，是指在实行犯罪之前，为实施所计划的犯罪，准备工具、寻找同伙、创造条件。

2. 只有在法律有规定的情况下，才处罚预备。

3. 行为人基于自己的意志而放弃实行犯罪的，不处罚。

第 18 条

1. 未遂，是指着手实行一个故意犯罪，但是没有实行终了，或者虽然已经实行终了，但是法律规定的或者行为人希望的犯罪结果没有发生。

2. 对犯罪未遂，比照既遂犯的刑罚，考虑犯罪目的的实现程度与犯罪未完成的原因进行处罚。

3. 当未遂的行为人基于自己的意志实施下列行为时，不处罚：

（a）放弃完成犯罪行为的；

（b）阻止犯罪结果发生的。

第19条

在第17条第3款和第18条第3款规定的情况下，如果所规定的预备与未遂行为已经符合另一犯罪的构成特征的，行为人应当对该罪行承担刑事责任。

第三节　共　　犯

第20条

1. 故意犯罪中的共犯包括：实行犯、教唆犯与帮助犯。

2. 实行犯，是指参与实施犯罪行为的人。

3. 教唆犯，是指故意唆使他人实行犯罪的人。

4. 帮助犯，是指以提供消息、解释说明、承诺在行为后提供援助、消除障碍、提供工具或者其他方法，故意地为犯罪的实行提供便利的人。

第21条

1. 对共同犯罪人应当按照犯罪的法定刑，考虑其参与的性质、程度进行处罚。

2. 教唆犯和帮助犯只对其故意教唆和故意帮助的实行犯的罪行承担刑事责任。

3. 当法律规定构成某罪行要求实行犯必须具备一定的身份时，不具备这种身份的教唆犯、帮助犯也应当以该罪行承担刑事责任。

4. 部分共犯人所特有的免除处罚事由、减轻处罚事由、加重处罚事由的效力，不能及于没有这种事由的其他共犯人。

第22条

1. 如果教唆犯、帮助犯基于自己的意志，放弃继续参与犯罪，并阻止犯罪的实行或者防止犯罪结果发生的，则不应当处罚。

2. 对这类案件，同样应当适用第19条的规定。

第四节 数 罪

第 23 条

1. 如果一个行为同时符合数罪的犯罪构成，或者在判决生效之前一人犯有数个独立的罪行的，法院应当在对各罪行分别进行量刑的基础上，然后确定适用其中最重的刑罚。

2. （2002 年第 92 号国家公报修正，2004 年第 103 号国家公报修正）对于前款所适用的最重的刑罚，还应当根据第 37 条第 1 款第 6 项、第 9 项的规定附加适用公开训诫和剥夺权利。如果被判决剥夺的权利种类相同，应当适用其中剥夺期间最长的一个。

3. 当科处的刑罚的种类不同，且其中有罚金或没收财产时，法院可以将罚金或没收财产全部或部分地附加适用于最重的刑罚。

第 24 条

被判处的刑罚属于同一种类的，法院可以将最重刑罚中的全部刑种加重至不超过 1/2 的幅度，但加重后的刑罚既不能超过各刑罚的总和刑期，也不能超过各刑种的法定上限。

第 25 条

1. 第 23 条和第 24 条的规定也适用于被数个独立的判决认定为有罪的人。

2. 在这类案件中，如果部分判决所科处的刑罚已经被全部或部分执行的，只要这些已被执行的刑罚与并罚判决所确定的刑罚属于同一刑种，就应当从中扣除。

3. （2004 年第 103 号国家公报修正）已经执行的缓刑判决应当从监禁中全部扣除，每两天缓刑折抵一天监禁。反之，已经执行的监禁也应当从缓刑判决中扣除，每一天监禁折抵两天缓刑。

4. （1982 年第 28 号国家公报修正）当根据第 64 条第 1 款或者第 66 条的规定，决定对犯罪人所受的一个或更多的判决中的刑罚免于实际执行时，在作出决定之时应当确定其还应执行的全部刑罚。

第26条（1982年第28号国家公报修正与补充；1993年第10号国家公报补充；1995年第50号国家公报修正；1997年第62号国家公报修正；2002年第92号国家公报修正）

1. 第23条至第25条的规定不适用于连续犯——两个或者两个以上的行为符合同一犯罪构成，这些行为在持续时间不是太长的期间内实施、在相同的情况下实施、罪行也具有相似性，因此从客观和主观上来看，后面的犯罪是前面犯罪的延续。

2. 对连续犯的犯罪人应当按照所包括的所有行为及其所导致的全部的犯罪结果进行处罚。

3. 当单个的行为符合不同的犯罪构成时，对这些连续实施的犯罪，应当考虑在特定情状下实施的这些行为的重要程度和这些特定情状本身对整个犯罪活动的重要程度，按照其中最重的犯罪进行处罚。

4. 当这些特定情状对整个犯罪活动的严重程度无特别的影响时，对这些特定的情状在量刑时应予以考虑，按照较轻的犯罪行为构成对之起诉。

5. 部分行为已完成、其他行为构成未遂，已完成的行为对整个犯罪活动的性质而言没有重要意义的，应对行为人以未遂科处的刑罚进行处罚。

6. 本条的规定不适用于侵犯公民个人人格的犯罪、在起诉书提交于法院之后所实施的犯罪和虽然在起诉书提交之前实施但未被包括在起诉书中的犯罪。

第27条

1. （1982年第28号国家公报修正）行为人在被终局的判决认定有罪之后服刑完毕之前再次实施犯罪的，如果所科处的是监禁，法院应当把全部或部分未服的刑期加至第二个判决，但确定执行的刑罚不能少于第二个判决所处的刑罚。

2.（1982年第28号国家公报补充）第二个判决所处的刑罚为5年以上的监禁、属于再犯或者危险累犯的，应当把第二个判决所处的刑罚全部与剩余的刑期累加执行。

3. 如果罪犯在服前一判决所处的刑罚的过程中又犯罪的，其应当服满后罪所科处的刑罚。

第28条

1. 如果某一犯罪行为人在被生效的判决认定之后又实施该种类犯罪的，应当适用本法典分则对再犯规定的刑罚。

2. 这一规定也适用于针对公共财产和个人财产实施的种类相同的犯罪。

第29条

1. 行为人具有下列情形之一的，应当根据本刑法典分则各条中对危险累犯规定的较重的刑罚处罚：

（a）（1982年第28号国家公报修正）曾经因为实施某一严重的故意犯罪而被判处不少于1年的监禁，且没有根据第66条的规定予以缓刑，此后再犯罪的；

（b）（1982年第28号国家公报修正）曾经因为实施某一属于自然犯的故意犯罪而两次或三次被判处监禁，且其中至少有一次没有根据第66条的规定予以缓刑，此后再犯罪的；

（c）（1982年第28号国家公报废止）

2. 当未成年人实施这些犯罪时，不应当适用前款的规定。

3.（1975年第95号国家公报新增）对于再次实施犯罪行为且同时符合两个犯罪构成的情况，应当适用有关危险累犯的规定。

第30条

1. 如果前一有罪判决的刑罚执行完毕之后超过5年的，第28条和第29条的规定不应适用。但在这期间的复权不能排除该两条的适用。

2.（1982年第28号国家公报新增）对于缓刑和假释而言，

第1款规定的期间应当从考验期届满之日起计算。

第三章　应负刑事责任的人

第31条

1. 已满18周岁精神正常的人实施犯罪的，应当负刑事责任。

2. 已满14周岁未满18周岁的未成年人，如果能够认识其行为的性质或意义且能控制其行为的，也应负刑事责任。

3. （1996年第107号国家公报修正）对不应对其行为负刑事责任的未成年人，法院可以根据案件情况的需要，裁定由寄宿制矫正学校或者其他合适的机构对其进行收容。

4. 对于应负刑事责任的未成年人，应当适用本法典规定的特殊规定。

第32条

1. 不满14周岁的未成年人，不承担刑事责任。

2. 对于实施社会危险行为的这类未成年人，可以适用相应的矫正措施。

第33条

1. 处于精神发育不全、继续或短期的精神错乱之精神病状态下的人，在实施行为时不能理解其行为的性质或意义或者不能控制其行为的，不负刑事责任。

2. （1975年第95号国家公报修正）行为人在实施犯罪后陷入了精神错乱状态，不能理解其行为的性质或意义或者不能控制其行为的，到判决作出之时仍然如此的，不能执行刑罚。如果其精神状态恢复正常的，应当执行刑罚。

第34条

对前条规定的人，在本法典有规定的情况下，可以适用相应的强制措施。

第四章　刑　　罚

第一节　一般规定

第35条

1. 刑事责任具有个人一身专属性。

2. 刑罚只能适用于实施了违反法律规定的犯罪的人。

3. 刑罚应当与犯罪相称。

4. 刑罚只能由规定的法院来适用。

第36条

1. 应当基于下列目的来适用刑罚：

（1）改善罪犯使其遵守法律与良好的道德；

（2）对犯罪人产生预防性影响并消除其再犯的可能性；

（3）对其他社会成员产生教育和警示的效果。

2. 刑罚不能以造成肉体伤害和侮辱人格尊严为目的。

3.（1998年第153号国家公报新增）保加利亚共和国没有死刑。

第37条

1. 刑罚包括：

（1）（1995年第50号国家公报新增）终身监禁；

（1）a（以前的第1项——1995年第50号国家公报修正）监禁；

（2）（2002年第92号国家公报新增）缓刑；

（2）a（2004年第103号国家公报废止）

（3）没收现有财产；

（4）罚金；

（5）（2002年第92号国家公报废止）

（6）剥夺从事一定国家公职的资格；

（7）剥夺从事一定职业或活动的资格；

（8）（2002 年第 92 号国家公报废止）

（9）剥夺获得奖章、荣誉头衔和蓝色绶带荣誉的权利；

（10）剥夺军衔；

（11）公开训诫。

2.（1998 年第 153 号国家公报修正）对于威胁保加利亚共和国根基的最严重犯罪和其他特别危险的故意犯罪，不可变更的终身监禁可以作为一种暂时的极端措施予以适用。

第二节　刑罚的种类

第 38 条（1982 年第 28 号国家公报修正和补充；1998 年第 153 号国家公报修正）

1. 分则对某一特定的犯罪种类规定了不可变更的终身监禁的，只有在该罪行危害特别严重且以较轻的其他刑罚不能实现第 36 条规定的目的时，才应当适用。

2. 对于犯罪时不满 20 周岁的人和战时不满 18 周岁的军人，不能适用不可变更的终身监禁。对于犯罪时或者作出判决时怀孕的妇女，也不能适用不可变更的终身监禁。

第 38 条 a（1995 年第 50 号国家公报新增）

1. 终身监禁，是一种将被科处该种监禁刑的人强制地隔离关押在监禁场所直至其生命终止。

2. 终身监禁只能在所犯的罪行特别严重时适用。

3. 如果罪犯已经服刑不少于 20 年，则终身监禁可以被替代为 30 年有期监禁。

4. 矫正期间的工作日不计算在终身监禁的服刑期内。

5. 已经执行的终身监禁应计算在监禁期间内。

第 39 条

1.（1982 年第 28 号国家公报修正；1989 年第 89 号国家公报

修正）监禁的期限为3个月至20年。

2.（1975年第95号国家公报补充；1986年第89号国家公报修正；1995年第50号国家公报补充；1998年第153号国家公报修正）作为例外，监禁的期间在下列情况下可以达到30年：替代终身监禁时；根据第24条和第27条第1款的规定进行数罪并罚时；本法分则对某些特别严重的故意犯罪作出专门的规定时。

第40条

1.（1982年第28号国家公报修正；2006年第75号国家公报修正）监禁在监狱、矫正场所和为罪犯准备的类似监狱的公寓执行。

2.（1986年第89号国家公报修正；2002年第92号国家公报废止）

3. 对年轻的罪犯应当予以特殊的管理。

4.（2006年第75号国家公报修正）对有意识错乱的严重精神疾病但尚未达到丧失理智程度的人和吸食毒品的人，应当给予相应的治疗。

第41条

1. 监禁的执行过程中，应当从事适当的、分别付酬的、有益于社会的，以改善罪犯和提高其职业能力、创造力为目的的劳动。

2. 此外，还将对其适用其他改善和教育措施。

3. 有偿的劳动在减刑时应当予以考虑，每两个工作日折抵三日监禁。

4.（1982年第28号国家公报补充；1986年第89号国家公报修正）如果罪犯在服刑的过程中有组织地逃避有益于社会的劳动、实施故意犯罪、严重侵犯监管机构秩序，就表示其不能被改善；法院可以全部或者部分地撤销对其最近一次实施上述行为之前的两年内所从事劳动的工作日的认可。

5.（1986年第89号国家公报废止原第5款，现为原第6款）

监禁的执行命令和执行方法，包括第40条第3款规定的特殊管理、罪犯的劳动报酬和其被释放后的就业，应当根据法律的规定予以解决。

6.（1974年第89号国家公报修正；1986年第89号国家公报将原第7款变为本款）法院应当根据本法典与专门法律的规定，决定监禁的初始执行方式。

第42条

1. 军事法庭在战时可以将所判处的监禁推迟到战争结束后执行，把该罪犯交给作战军队。如果该罪犯又犯新罪的，则可以撤销推迟执行的决定。

2. 如果该罪犯被证明是一个保卫祖国的好卫士，则法院可以根据其上级首长的建议，全部或者部分地免除其刑罚的执行。

3. 如果由于残疾，即使没有其上级首长的建议，法院也可以全部或者部分地免除其刑罚的执行，并退出军队。

第42条a（2002年第92号国家公报新增；2004年第103号国家公报修正）

1. 缓刑，是指非监禁的控制、影响措施的总称。可以附加或者独立地适用。

2. （2004年第103号国家公报修正）缓刑措施包括：

（1）强制性地在现在的居住地登记；

（2）强制性地与缓刑官定期会面；

（3）迁徙自由受到限制；

（4）（2006年第75号国家公报修正）参加职业能力课程与公共影响方案；

（5）矫正劳动；

（6）有利于社会的义务劳动。

3. （2004年第103号国家公报修正）缓刑措施的期间为：

（1）6个月至3年——第2款第1项至第4项的措施；

（2）3个月至2年——矫正劳动；

（3）在连续不超过 3 年的时间内完成 100 小时至 300 小时——有利于社会的义务劳动。

4.（2004 年第 103 号国家公报修正）第 2 款第 1 项和第 2 项应当被适用于所有被判处缓刑的罪犯，第 2 款第 5 项和第 6 项措施不应适用于不满 16 周岁的未成年人。

5. 缓刑措施应当根据法定的顺序执行。

第 42 条 b（2004 年第 103 号国家公报新增）

1. 强制性在现在的居住地登记之缓刑措施的实施，被缓刑人应当在其确定缓刑官之前到场并签字。

2. 强制性地与缓刑官定期会面之缓刑措施，应当在被缓刑人的现居住地所在区域的缓刑办公室进行。作为例外，如果存在重要的理由，则可以在缓刑官确定的其他合适地点进行。应当按照计划或者缓刑官或被缓刑人之额外的请求进行会面。

3. 应当适用下列一种或几种禁止：

（1）进入判决明确规定的场所、地域或机构；

（2）未经缓刑办公室或者缓刑执行人的允许，离开社区超过 24 小时；

（3）离开居住的住所一整天。

4.（2006 年第 75 号国家公报修正）参加职业能力课程与公共影响方案，应当引导被缓刑人进行劳动协作和形成实施合法行为的社会习惯与能力。

5. 义务劳动之缓刑措施，应当在不限制被缓刑人自由的情况下，让其从事有利于社会的工作。

第 43 条（2004 年第 103 号国家公报修正）

1. 矫正劳动应当在被缓刑人的工作场所进行，且从其劳动报酬中扣除 10% 至 25% 交付给国家。执行矫正劳动的期间不计入工龄。

2. 如果被缓刑人陷入失业状态，法院应当用有利于社会的义务劳动替代剩余的矫正劳动。一天矫正劳动折抵成一小时义务劳动。在这种情况下，义务劳动的期间可以低于第 42 条第 3 款第 3 项规定的最下限。

3. 如果被判处缓刑的人离开其执行缓刑的工作场所，且不在一个月内向缓刑官通知其新的工作场所的，也应当适用第 2 款的规定。

4. 矫正劳动期间，不交付第 1 款规定的应扣除部分劳动报酬的，不被视为缓刑矫正劳动措施的执行。

第 43 条 a（2004 年第 103 号国家公报修正）

如果被缓刑人没有正当的理由而不履行被适用的缓刑措施的，则法院可以根据各个缓刑委员会的建议：

1. 适用其他的缓刑措施；

2. 用监禁全部或者部分地替代缓刑。在这种情况下，监禁的期间也可以低于第 39 条第 1 款规定的最下限。

第 44 条

1. 没收是以强制无偿的方式将犯罪人财产的全部或者部分收归国有。

2. （1997 年第 62 号国家公报废止）

第 45 条

1. 如果犯罪人目前没有财产来承受刑罚，则不应当判处没收。

2. 不能没收犯罪人个人或其家庭使用的必需的个人物品、部长会议通过的清单中所包括的履行其职业所必需的物品、供养其家庭为期一年所需的财产。

第 46 条

在处以没收的案件中，当没收之后罪犯的剩余财产已经不足以赔偿犯罪所造成的损失和偿付被起诉之前所负的债务时，国家应当以被没收财产的价值为限，首先对犯罪造成的损失进行赔偿，然后再偿付其所负的债务。

第 47 条

1. （1982 年第 28 号国家公报修正；1993 年第 10 号国家公报

修正；2002年第92号国家公报修正）罚金应当与行为人的财产状况、家庭收入、家庭义务相适应。应当适用第五章的规定来确定罚金的数量。罚金不能低于100列弗。

2. 罚金应当从罪犯留下的财产中执行，如果判决在其死亡之前已生效，则在其死亡之后也应如此执行。

3. 不能通过出售罪犯未被没收的动产的方式来强制执行罚金。

第48条（2002年第92号国家公报废止）

第49条

1. （2002年第92号国家公报修正）第37条第1款第6项、第7项规定的剥夺权利的刑罚，在独立适用或者与监禁之外的其他刑罚一起适用时，应当在分则规定的幅度内确定最高不超过3年的具体期限。

2. （1978年第54号国家公报修正）当剥夺上述权利的刑罚与监禁一起适用时，可处以超过监禁期不多于3年的期间，但分则另有规定的除外。

3. 监禁期间从判决生效时计算，但在监禁期满之前，罪犯也不能行使这种被剥夺的权利。

4. 当由于赦免、劳动或事先羁押折抵而减少监禁的刑期时，剥夺权利的期间也应当作同样的减少。

5. （1998年第153号国家公报修正）对于被判处不可变更的终身监禁的罪犯，应当适用终身剥夺这类权利。

第50条

1. 如果从事相关的公职、职业或活动与罪犯所犯之罪不相容，在法律有规定的情况下，适用剥夺从事一定国家公职的资格与剥夺从事一定职业或活动的资格的刑罚。

2. （1982年第28号国家公报新增；2002年第92号国家公报废止）

3. （以前的第2款——1982年第28号国家公报修正）剥夺

获得奖章、荣誉头衔、蓝色绶带荣誉的权利和剥夺军衔，只能适用于严重犯罪。

第 51 条

在期满后，罪犯能重新行使其此前被有罪判决所剥夺的权利。但第 37 条第 9 项和第 10 项所指的只能根据规定的命令来获得的权利不在此列。

第 52 条

公开训诫之刑罚，应当通过媒体或者判决指示的其他更适当的方法，在一定范围的人面前宣布对罪犯的公开谴责。

第 53 条

1. 无论是否被追究刑事责任，下列财产应被没收归国有：

（a）归犯罪人所有且被用来实施故意犯罪的动产；

（b）归犯罪人所有且依附于故意犯罪的动产，但以本法典分则有明文规定的为限。

2. （1982 年第 28 号国家公报修正）下列财产也应被没收归国有：

（a）禁止持有的动产、犯罪对象和犯罪工具；

（b）不应发还的通过犯罪所得之财产。当犯罪所得不知所踪或者已经归他人所有的，可以裁定其支付同等价值的金钱。

第五章　量　　刑

第 54 条

1. 法院应在所实施的犯罪的法定刑幅度内量刑，量刑活动应受本法典总则规定的指导，且应考虑：行为人之行为的社会危险性程度、行为的动机和其他减轻、加重情节。

2. 减轻情节导致适用更轻的刑罚，加重情节导致适用更重的刑罚。

第 55 条

1. 具有特殊的减轻情节或者多个减轻情节，即使适用法定的最轻刑罚也与其严重程度不相适应的，法院可以：

（1）在法定最低刑以下量刑；

（2）进行刑罚替代：

（a）（1998 年第 153 号国家公报修正）终身监禁用 15 年至 20 年监禁替代；

（b）（1982 年第 28 号国家公报修正；1993 年第 10 号国家公报修正；1997 年第 62 号国家公报修正；2002 年第 92 号国家公报修正；2004 年第 103 号国家公报修正）当是没有规定下限的监禁时，用缓刑替代，若是未成年人，则用缓刑或公开训诫替代；

（c）（1982 年第 28 号国家公报修正；1993 年第 10 号国家公报修正；1997 年第 62 号国家公报修正；2004 年第 103 号国家公报修正）缓刑用 100 列弗至 500 列弗的罚金替代。

2. 在前款第 1 项规定的情况下，当刑罚是罚金时，法院可以在最低限下减轻不超过其 1/2 的幅度内处罚。

3. 在这些刑罚附随于监禁一起适用的案件中，法院不能对之在法定刑以下量刑。

4. （1982 年第 28 号国家公报废止）

第 56 条

减轻情节和加重情节，以法律在各个犯罪中有明确规定的为限。

第 57 条

1. 本法典分则对所犯之罪设置了可在两种或更多种刑罚中选择一种适用的法定刑时，法院应当在前述条款的指导下，选择最适当的刑罚种类与数量。

2. 本法典分则对所犯之罪设置了可同时适用两种或更多种刑罚的法定刑时，法院应当在前述条款规定方法的指导下，确定每一刑种的数量，从而使确定的刑罚从总体上与第 36 条规定目的相适应。

第 58 条

法院可以在下列案件中适用第 55 条的规定：

（a）犯罪未遂——由于未完成犯罪，考虑第 18 条第 2 款规定的情状；

（b）帮助犯——当行为人在犯罪中的参与程度较小时。

第 59 条

1.（2002 年第 92 号国家公报修正；2004 年第 103 号国家公报修正）罪犯曾经被拘留或者家中软禁的，在执行监禁与缓刑时应当扣除。当被判处的刑罚是缓刑时，一日拘留或家中软禁折抵两日缓刑。

2.（1982 年第 28 号国家公报新增）罪犯曾经因为被指控其他犯罪而被拘留，但该罪的程序已被中止或者被判决无罪终结的，如果对这些行为能够适用第 23 条第 1 款的规定的，则前款的规定也能适用。

3.（1982 年第 28 号国家公报新增；2004 年第 103 号国家公报修正）对罪犯的同一犯罪行为，如果曾经依据行政命令剥夺了其行使第 37 条第 1 款第 1 项、第 6 项、第 7 项的资格的，在其执行因该罪被判处的此种剥夺权利的刑罚时，应当从中扣除行政命令所剥夺的期间。

第六章　对未成年人的特殊规定

第 60 条

对未成年人适用的刑罚，最主要的目的是对其进行改善和为其将来从事有益于社会的劳动做好准备工作。

第 61 条

1.（1986 年第 89 号国家公报修正）对于由于行为反常或无所事事，而实施不具有严重的社会危害性之犯罪的未成年人，如果能够顺利地根据《未成年人犯罪法》适用矫正措施，则检察官可以决定不启动或者不再继续进行审前准备程序，法院也可以决定不交付审判或者宣判无罪。

2. 在法院自行决定适用矫正措施的案件中，应当将此通知地方的反未成年人犯罪委员会，或者把关于适用矫正措施的文书送交该委员会。

3. （1986 年第 89 号国家公报修正；2004 年第 26 号国家公报修正）如果检察官决定不启动准备程序或者放弃已启动的准备程序的，他应把案卷送交该委员会以适用矫正措施。

第 62 条

只有下列刑罚能适用于未成年人：

1. 监禁；

1a. （2002 年第 92 号国家公报新增；2004 年第 103 号国家公报修正）缓刑；

2. 公开训诫；

3. （2004 年第 103 号国家公报修正）第 37 条第 1 款第 7 项规定的剥夺其从事特定职业或活动的权利。

第 63 条

1. 对于未成年人，本法典分则规定的刑罚应被替代为：

（1）（1995 年第 95 号国家公报修正；1998 年第 153 号国家公报修正）不可变更的终身监禁和终身监禁替代为 3 年至 10 年监禁；

（2）超过 10 年的监禁替代为不超过 5 年的监禁；

（3）超过 5 年的监禁替代为不超过 3 年的监禁；

（4）不超过 5 年的监禁替代为不超过 2 年的监禁，但不能长于法定刑；

（5）（2002 年第 92 号国家公报修正；2004 年第 103 号国家公报修正）缓刑和罚金替代为公开训诫；

（6）（2002 年第 92 号国家公报修正）对不满 16 周岁的未成年人的缓刑替代为公开训诫。

2. （1982 年第 28 号国家公报修正）对于已满 16 周岁的未成

年人，本法典分则规定的刑罚应被替代为：

（1）（1995 年第 95 号国家公报修正；1998 年第 153 号国家公报修正）不可变更的终身监禁、终身监禁和超过 15 年的监禁替代为 5 年至 12 年的监禁；

（2）超过 10 年的监禁替代为 2 年至 8 年的监禁。

3.（1982 年第 28 号国家公报修正）在前述各款规定的限度内，法院根据第五章的规定量刑。

第 64 条

1.（1996 年第 107 号国家公报修正）如果被量定的刑罚是不足 1 年的监禁且没有根据第 66 条的规定推迟其执行的，该未成年罪犯将免于执行刑罚，则法院应当将其交付给寄宿制矫正学校收容或者对其适用《未成年人犯罪法》的另一矫正措施。

2.（1996 年第 107 号国家公报修正）在作出判决后，根据检察官或相关的地方反未成年人犯罪委员会的建议，法院可以用其他矫正措施替代收容于矫正学校的措施。

3. 第 1 款的规定不适用于下述情形：

（a）该未成年罪犯在监禁判决的服刑期间又犯罪；

（b）在已达成年后才被判决有罪的。

4. 在行为人被再次判决有罪的案件中，如果法院认为行为人的改善和矫正需要监禁且有下列情形之一的，则不适用第 1 款的规定：

（a）刑期不低于 6 个月的；

（b）行为人已经在服监禁刑的。

第 65 条

1. 对未成年罪犯，在其成年之前，应当在矫正机构服监禁刑。

2. 成年后，将其移送监狱或矫正场所。为了完成其教育或者资格培训，根据教育委员会的建议，在检察官同意后，他们仍将留在矫正场所直到满 20 周岁。

第七章 已判刑罚的免除

第一节 缓 刑

第 66 条

1. （1982 年第 28 号国家公报修正；1982 年第 31 号国家公报校正；2002 年第 92 号国家公报修正）在适用不超过 3 年监禁的刑罚时，如果该罪犯不是因为实施属于自然犯的犯罪而被判处监禁，且法院认为从刑罚的目的更重要的是从罪犯的改善情况来看不必实际服刑的，则法院可以推迟刑罚的执行，并确定 3 年至 5 年的考验期。

2. （1992 年第 92 号国家公报修正）缓刑考验期，不能超过所被判处的监禁的刑期 3 年。

3. （2002 年第 92 号国家公报废止）

4. （1982 年第 28 号国家公报新增）在缓刑期间，应当强制罪犯学习或工作。

第 67 条

1. 在推迟执行刑罚的案件中，法院可以经有关的公共组织或工会同意后指定其在缓刑考验期间对罪犯进行矫正看护。

2. 如果这些组织不同意或者法院认为必要的，可以指定特定的个人对缓刑罪犯进行矫正看护。如果缓刑罪犯在其他居住区有住处的，应当有相应的地区法院确定这一人员。

3. （2002 年第 92 号国家公报新增）如果所适用的监禁不足 6 个月的，则法院可以在缓刑考验期内裁定缓刑。

4. （前第 3 款——2002 年第 92 号国家公报修正）推迟执行未成年人的刑罚的，法院应当通知将负责组织实施矫正看护的相应的地方管理委员会。

5.（1975 年第 95 号国家公报修正；前第 4 款——1982 年第 28 号国家公报修正）对被缓刑罪犯的矫正看护与行为表现，由其居住地的地区法院负责进行总体监督。

6.（前第 5 款——1982 年第 28 号国家公报修正）前述各款规定的适用顺序与方式，应当依法确定。

第 68 条

1. 如果被缓刑的罪犯在缓刑考验期满之前实施了被处以监禁的、属于自然犯的另一故意犯罪，即使在其考验期期满之后才发现，也应当执行原来被推迟执行的判决。

2. 在第 1 款所述的情形下，如果罪犯实施的是过失犯罪，则法院可以裁定被推迟执行的刑罚不再予以执行、全部予以执行或者部分予以执行。

3.（1982 年第 28 号国家公报修正；1992 年第 92 号国家公报校正；2004 年第 103 号国家公报修正）如果被缓刑人没有正当的理由不履行其根据第 67 条第 3 款规定的顺序应适用的缓刑措施，则法院可以根据缓刑委员会的建议裁定其部分或者全部地实际执行此前被推迟执行的监禁刑。

4.（1982 年第 28 号国家公报修正）前述各款规定之外的情形下，被推迟执行的判决不再执行。

第 69 条

1. 作为未成年人而实施犯罪被适用缓刑判决的罪犯，缓刑考验期是 1 年至 3 年。

2. 对第 1 款规定的罪犯，可以裁定将其被推迟执行的判决的刑罚部分或者全部予以免除。

第 69 条 a（1982 年第 28 号国家公报新增；2004 年第 103 号国家公报修正）

在第 68 条第 2、3、4 款和第 69 条第 2 款规定的情形下，如果该罪犯在缓刑考验期内实施了一个新的被判处监禁的、可公诉的犯罪，或者没有正当的理由而继续不履行根据第 67 条第 3 款规定的顺序应适用的缓刑措施时，应当实际执行判决的所剩刑期。

第二节　假　释

第 70 条

1.（1998 年第 153 号国家公报修正；2004 年第 103 号国家公报修正）对于有值得嘉许的典型行为和对待劳动态度诚实证明对其改善有成效的罪犯，并且已实际执行的刑期不少于所判刑期一半的，对其监禁刑或缓刑的剩余部分，法院可以裁定予以假释。

2.（2002 年第 92 号国家公报修正）对属于危险累犯而被判罪的人，如果实际执行的刑期不少于被判刑期的 2/3，并且剩余刑期不高于 3 年的，也可以适用第 1 款的规定。

3. 除非以前的假释适用的是已被复权的犯罪，否则假释不能重复地适用于同一罪犯。

4.（2002 年第 92 号国家公报修正）假释同时也影响第 37 条第 1 款第 6 项和第 7 项规定的剥夺权利的期限。

5.（2002 年第 92 号国家公报修正）在假释案件中，法院可以免除罪犯被判处的第 37 条第 1 款第 6 项或第 7 项规定的剥夺权利。

6.（1982 年第 28 号国家公报补充；1992 年第 92 号国家公报补充；2004 年第 103 号国家公报修正）在假释案件中，未执行完的剩余刑期作为考验期，最少不能低于 6 个月，在这一期间，法院可以根据缓刑官的报告裁定是否提前予以缓刑。

7.（2002 年第 92 号国家公报补充）被假释的罪犯，如果在考验期内犯下新的能判处监禁的故意犯罪或者不履行所裁定的缓刑的，应当执行原来剩余的刑期；如果在考验期内实施过失犯罪的，法院可以裁定不执行剩余刑期、执行部分剩余刑期或执行全部剩余刑期。

8.（1968 年第 29 号国家公报校正）在前款所指情况下，其根据本条第5款规定已被免除的刑罚应当完全地实际执行。

9. 在假释案件中，第86条规定的复权期间应当从假释考验期期满之日起开始计算。

第71条

1. 对于被监禁的未成年人，如果其已经矫正自己，在实际所服刑期不少于所判刑期的1/3时，法院可以裁定予以假释。

2. 对于未成年时实施犯罪但成年后仍在服刑的人，适用第70条关于假释的规定。

第72条（2002年第92号国家公报废止）

第73条

1. 对被假释的罪犯，法院应当指定相关的监督委员会在考验期对其安排监督和矫正看管，而对未成年罪犯则应指定当地的反未成年人犯罪委员会负责此种管理。

2. 如果有必要，经公共组织或特定的个人同意后，法院可以指定其负责对被假释的罪犯进行监督与矫正看护，并将之通知相关的监督委员会或地方委员会。

3. 对被假释罪犯的矫正看护与行为表现，由其居住地的地区法院负责进行总体监督。

4. 前述各款规定的适用顺序与方式，应当依法确定。

第三节　赦　　免

第74条（2006年第75号国家公报修正）

总统可以依据《赦免法》的规定，全部或者部分地赦免罪犯被判处的刑罚，也可以对不可变更的终身监禁予以减刑或者适用替代措施。

第八章　刑事责任的免除

第一节　支付公开保释金免除刑事责任①

第75条（1982年第28号国家公报修正；1997年第62号国家公报废止）

第76条（1982年第28号国家公报修正；1997年第62号国家公报废止）

第二节　同志法庭适用公共影响措施免除刑事责任②

第77条（1991年第105号国家公报废止）

第三节　适用矫正措施的未成年人刑事责任的免除

第78条

根据第61条的规定被适用各种矫正措施的未成年人，应免除其刑事责任。

第四节　需要给予行政处罚的刑事责任的免除③

第78条a

1.（1993年第10号国家公报修正；1997年第62号国家公报修正；2000年第21号国家公报修正；2006年第75号国家公报修正）被法院免除刑事责任的人，当下列条件同时具备时，处以

① 1997年第62号国家公报废止。

② 1991年第105号国家公报废止。同志法庭在东欧国家曾经普遍地存在。

③ 1982年第28号国家公报新增。

500 列弗至 5000 列弗的罚款：

（a）（2005 年第 86 号国家公报修正）当其是故意犯罪时，该罪的法定刑是最高 3 年的监禁或其他更轻的刑罚；当其是过失犯罪时，该罪的法定刑是最高 5 年的监禁或其他更轻的刑罚。

（b）（2005 年第 86 号国家公报修正）行为人没有因实施属于自然犯的犯罪而被定罪并且没有根据本节的规定被免除刑事责任的。

（c）犯罪导致的财产损失被赔偿的。

2.（2000 年第 21 号国家公报废止）

3.（2000 年第 32 号国家公报废止）

4. 如果对相关的犯罪规定了剥夺从事特定职业或活动权利刑罚的，科处第 1 款规定的罚金的法院，也可以对之适用最长可达 3 年的剥夺从事一定职业或活动权利的行政处罚。

5. 当只规定了罚金或者规定了罚金和另一更轻的刑罚时，所处的行政处罚不能超过罚金的幅度。

6.（2005 年第 86 号国家公报修正；2006 年第 75 号国家公报修正）如果所造成的伤害是重伤或死亡的，或者在醉态中实施犯罪的，或者犯有数罪的，不能适用第 1 款至第 5 款的规定。

第五节　免除刑事责任种类的选择[①]

第 78b（1997 年第 62 号国家公报废止）

第九章　追诉时效与行刑时效

第 79 条

1. 刑事追诉和刑罚的执行在下列情况下终止：

---

① 1982 年第 28 号国家公报新增，1997 年第 62 号国家公报废止。

（1）行为人死亡；

（2）已过法定的时效期间；

（3）赦免。

2. 危害和平与人类罪的刑事追诉、刑罚执行不受时效的限制。

第 80 条

1. 经历以下期间后，刑事追诉将不再提起：

（1）（1990 年第 31 号国家公报修正；1998 年第 153 号国家公报修正）可以判处不可变更的终身监禁、终身监禁行为的，经过 20 年；谋杀二人或二人以上的，经过 35 年；

（2）可以判处 10 年以上监禁行为的，经过 15 年；

（3）可以判处 3 年以上监禁行为的，经过 10 年；

（4）（1997 年第 62 号国家公报修正）可以判处 1 年以上监禁行为的，经过 5 年；

（5）其他行为，经过 2 年。

2. 对于未成年行为人而言，前款规定的追诉期限应当根据第 63 条的规定替换后的刑罚来确定。

3. 追诉实效期限从犯罪完成之日起开始计算，犯罪预备与犯罪未遂从最后的行为实施之日起计算，连续犯与持续犯从终止之日起计算。

第 81 条

1. 当刑事追诉的开始或继续依赖于法院采取某一强制行动以解决某一基本问题时，追诉时效中止。

2. 在有关机关出于追诉而开始采取任何行动时，时效期间将被中断，但中断的效力仅限于所确定的这一追诉所针对的人。在导致时效中断的追诉行动终结时，新的时效期间重新开始计算。

3. 无论时效期间是否中止或中断，如果已经过的期间超过了前条规定期间达 1/2 的，则不能再提起刑事追诉。

第 82 条

1. 被判处的刑罚经过下列期间后不再有效：

（1）（1998 年第 153 号国家公报修正）如果刑罚是不可变更的终身监禁、终身监禁的，经过 20 年；

（2）如果刑罚是 10 年以上监禁的，经过 15 年；

（3）如果刑罚是 3 年至 10 年监禁的，经过 10 年；

（4）如果刑罚是不满 3 年监禁的，经过 5 年；

（5）所有其他情况，经过 2 年。

2. 刑罚生效的时效，从判决生效之日起计算，根据第 66 条的规定推迟生效的刑罚，从判决或者根据第 68 条作出的裁定生效之日起计算。

3. 在有关机关出于执行判决的目的而开始对犯罪人采取任何行动时，时效期间将被中断。在导致时效中断的行动终结时，新的时效期间重新开始计算。

4. 无论时效期间是否中止或中断，如果已经过的期间超过了第 1 款规定期间达 1/2 的，则该刑罚不再生效。

5. （1982 年第 28 号国家公报新增）在为了征收罚金的执行程序已经启动时，前款的规定不适用于罚金。

第 83 条

大赦将消除特定种类行为的犯罪性，或者免除特定犯罪的刑罚与有罪认定的各种后果。

第 84 条

1. 对于根据被害人的控告而起诉的自诉犯罪，如果被害人在知悉犯罪实施之日起 6 个月内，没有提出起诉的，即使尚未过时效，也不能提起刑事追诉。

2. 如果被害人在这一期间届满前死亡的，其继承人可以在期间届满前提起控告。

3. 在自诉犯罪的刑罚开始执行前，如果被害人提出不执行刑罚的要求，则对这些犯罪所处的刑罚不能生效。

第十章　复　　权

第 85 条

1. 复权将撤销行为人的有罪记录并消除与认定有罪本身有关的指向将来的法定后果，除非法律或命令在某一方面存在例外规定。

2. （1982 年第 28 号国家公报新增）前款的规定不适用于实施危害和平与人类罪的罪犯。

第 86 条

1. 在下列情况下，复权将以恢复权利的方式实现：

（1）被判处缓刑的罪犯，如果在缓刑期间没有犯新罪的，则被推迟执行的刑罚不再执行；

（2）（2002 年第 92 号国家公报修正；2004 年第 103 号国家公报修正）对于被判处不超过 3 年监禁或缓刑的罪犯，如果从判决所科处的刑期，或者因为劳动、赦免而减刑之后的刑期届满之后 3 年内，没有犯可判处监禁或更重刑罚的新罪的；

（3）被并科或单科罚金、公开训诫或剥夺权利的罪犯，如果从刑罚执行完毕起 1 年内，没有实施属于自然犯的新罪的；

（4）被作为未成年人判决有罪的人，如果从服刑完毕起 2 年内，没有犯能判处监禁属于自然犯的新罪的。

2. （1982 年第 28 号国家公报修正）曾经犯罪后被复权的人又犯罪的，不能再享受复权待遇。

第 87 条

1. 对不属于前条规定情况的任何其他罪犯，从判决所科处的刑期，或者因为劳动、赦免而减刑之后的刑期届满之后 3 年内，没有犯可判处监禁或更重刑罚的新罪，且有下列情形之一的，作出一审判决的法院可以对之予以复权：

（1）有良好的行为表现的；

（2）赔偿了故意犯罪所造成的损失的。

2. 如果该罪犯因为有正当的理由而没有赔偿所造成的损失的，则法院也能对之予以复权。

3. （2002 年第 92 号国家公报修正；2004 年第 103 号国家公报修正）如果附随监禁刑而科处第 37 条第 1 款第 1 项、第 6 项、第 7 项规定的剥夺权利或者缓刑的，则必须在监禁的刑期届满之后才予以复权。如果是被科处罚金的，则必须予以支付。

第 88 条

如果罪犯有资格复权的，在其死亡后，其继承人仍可申请予以复权。

第 88 条 a（1982 年第 28 号国家公报新增）

1. （1986 年第 89 号国家公报补充）服刑结束后的罪犯，在与第 82 条第 1 款相等的期间届满之前，没有再实施可处以监禁的、属于自然犯的故意犯罪的，无论其他法律或命令有何规定，其有罪认定及后果都将被消除。

2. 所判处的监禁超过 1 年且没有根据第 66 条的规定予以缓刑的，第 1 款规定的期间不能少于 10 年。

3. 在缓刑和假释案件中，第 1 款规定的期间从考验期届满之日起计算。

4. （1986 年第 89 号国家公报新增）如果行为人实施了两个或两个以上的且未被复权的犯罪，则在前述各款规定的期间届满以后，所有认定有罪的判决及其后果将被撤销。

5. （原第 4 款——1986 年第 89 号国家公报修正）前述各款的规定不适用于实施危害共和国罪的严重犯罪和危害和平与人类罪的罪犯。

第十一章　强制治疗措施

第 89 条

对于在精神病状态下实施社会危险行为的人、在作出判决前陷入精神病状态的人或者在服刑期间陷入精神病状态的人，法院可以裁定：

（a）如果其近亲属能够在精神神经分析防治所的监督下承担治疗责任，则移交给其近亲属；

（b）在普通的精神神经分析机构进行强制治疗；

（c）在专门的精神病院或者普通的精神神经分析机构的专门病房进行强制治疗。

第 90 条

1. 对于需要依据强制命令予以看管与治疗的精神病人，法院可以根据其精神状态和其所实施的社会危险行为的性质，裁定其在普通的精神神经分析机构进行强制治疗。

2. 对社会或者其近亲属具有特别高的危险性的精神病人，法院可以根据其精神状态和其所实施的社会危险行为的性质，裁定其在专门的精神病院或者普通的精神神经分析机构的专门病房进行强制治疗。在这种情况下，该精神病人应当予以加倍监管，以排除其实施新的社会危险行为的可能性。

第 91 条

1. 在病人的状况出现变化或者基于治疗的需要时，法院可以裁定终止与变更所适用的强制治疗措施。

2. 对于所有类型的案件，在病人进入医疗机构满 6 个月后，法院应当对强制治疗的终止、继续或者替代作出裁定。

第 92 条

1. 如果实施犯罪的人存在酗酒或者其他成瘾癖好，则法院可以在判处刑罚的同时裁定适用强制治疗。

2. 如果在所判处的刑罚中没有监禁的，则应在医疗机构中进行伴随有专门治疗和参与劳动的强制治疗。

3. 对被判处监禁的罪犯应当在服刑期间进行强制治疗。强制治疗的期间应当从监禁的刑期中扣除。

4. 在有必要的情况下，当罪犯被监禁场所释放后，法院仍可以裁定其继续到第 2 款规定的医疗机构进行强制治疗。

5. 如果继续强制治疗不再具有必要性，则法院应当裁定终止强制治疗。

解释术语含义之附加条款

第 93 条

本法典所使用的下列术语在上下文中的含义为：

1. “公务员”，是指被委派的、获得报酬或者无偿的、临时或永久地履行下列职务的人：

（a）国家机构中的职责，但从事劳务活动的人员除外；

（b）（1993 年第 10 号国家公报修正；1997 年第 62 号国家公报补充；2005 年第 43 号国家公报修正）国有企业、公司、社会团体、其他法人组织、独资企业中的管理职责或者与经营、管理他人财产有关的职责，也包括个体的公证员和助理公证员、个体的司法协助员与代理司法协助员。

2. （2002 年第 92 号国家公报修正）“有权机关”，是指国家权力机关、国家行政机关与司法机关，也包括负责行使权力的这些机关的官员。

3. “公共代表”，是指根据法律或者其他的规章，由公共组织指定的去行使某一明确的职能的人。

4. （2000 年第 51 号国家公报补充）“公共财产”，是指属于国家、市、公共组织的公司和公共组织参与其中的其他法人的财产。

5. “公文”，是指公务员在其职权范围内或者公共代理人在被指定的职责范围内，根据规定程序和形式所签发的文书。

6. “不真实文书”，是指字面表示的是其他人所作的具体的书面陈述，而不是实际制作人所作陈述的文书。

7. （1995 年第 50 号国家公报补充；1998 年第 153 号国家公报修正）“严重犯罪”，是指法律对之规定了 5 年以上监禁、终身监禁或者不可变更的终身监禁的犯罪。

8. “情节特别严重的案件”，是指从所造成的危害结果和其他加重情节来看，所实施的犯罪表征行为和行为人具有特别高的社会危险性程度的案件。

9. “情节轻微的案件”，是指由于没有发生危害结果或者危害结果微小，或者由于其他的减轻情节，与同种犯罪的普通案件相比，表征社会危险性程度较低的案件。

10. “近亲属”，是指配偶、尊亲属、卑亲属（包括养子女、继子女）、兄弟、姐妹及其配偶和四代以内的旁系亲属。

11. “战时”，是指从宣战或实际开始军事行动时起，直至宣布战争或军事行动停止时为止的期间。

12. （1982 年第 28 号国家公报新增）犯罪由“二人或二人以上的人”实施，是指至少有二人参与犯罪的实施。

13. （1982 年第 28 号国家公报新增）“国际保护”，是指保加利亚共和国参加的国际条约规定的对特定人员提供的保护。

14. （1997 年第 62 号国家公报新增；2000 年第 21 号国家公报修正）“税收数额巨大”，是指税收数额超过 3000 列弗；“税收数额特别巨大”，是指税收数额超过 12000 列弗。

15. （1999 年第 7 号国家公报新增）“外国公务员”，是指从事下列工作的人：

（a）外国的机关中的工作；

（b）外国（包括外国国有企业或组织）委派的职责；

（c）（2002 年第 92 号国家公报补充）国际组织委派的工作或任务，包括在国际议会联盟或国际法庭中的职位。

16. （2000 年第 21 号国家公报新增；2006 年第 75 号国家公报废止）

17. （2000 年第 21 号国家公报新增；2002 年第 92 号国家公报修正；2006 年第 75 号国家公报废止）

18. （2000 年第 21 号国家公报新增；2002 年第 92 号国家公报补充；2006 年第 75 号国家公报废止）

19.（2000 年第 21 号国家公报新增；2006 年第 75 号国家公报废止）

20.（2000 年第 21 号国家公报新增）“有组织犯罪集团”，是指三个或者三个以上的人为了在国内或者国外实施能处以 3 年以上监禁之犯罪，并且以通过犯罪获取财产利益为目的而成立的永久性的组织。该组织在建立及发展的过程中，不以参与者之间存在正式的职责分工为必要。

21.（2002 年第 92 号国家公报新增）“计算机信息系统”，是指通过执行一定的程序提供自动数据处理服务的独立的设备、互联的设备或类似的设备，或者其中的部分组件具有这种特征的设备。

22.（2002 年第 92 号国家公报新增）“计算机信息数据”，是指以能被程序自动处理的事实、信息或概念的任一表示形式，包括能使计算机系统执行特定任务的程序。

23.（2002 年第 92 号国家公报新增）“计算机信息服务提供者”，是指通过计算机系统提供信息传递服务，或者为了这种信息传递服务而处理、存储计算机数据或为其用户处理、存储计算机数据的法人或个人。

24.（2002 年第 92 号国家公报新增）“支付凭证”，是指与法定支付工具（纸币或硬币）不同的实物工具。鉴于其具有的特性，它可以独立使用也可以与其他支付工具互通，它允许持有人转移金钱或金钱价值，如转账卡、信用卡、电子股份单或者其他由金融机构发行的磁卡、支票或旅行支票。

第 94 条

本法典总则的规定也适用于其他法律所规定的犯罪。

分　则

第一章　危害共和国罪

第一节　叛　国　罪

第 95 条（1995 年第 50 号国家公报修正；1998 年第 153 号国家公报修正）

出于颠覆、破坏或削弱共和国当局的目的，在骚乱或武装暴乱中，参与以强力攫取中央或地方权力为目的的政变的，处 10 年至 20 年监禁、终身监禁或者不可变更的终身监禁。

第 96 条

1.（1985 年第 41 号国家公报修正；1995 年第 50 号国家公报补充；1998 年第 153 号国家公报修正）出于破坏或削弱共和国当局或为其制造困境的目的，杀害重要的国家或公众人士的，处 20 年监禁、终身监禁或不可变更的终身监禁。

2. 出于与前款相同的目的，导致所指人员重伤的，处 5 年至 15 年监禁。

3.（1985 年第 41 号国家公报新增；1995 年第 50 号国家公报补充；1998 年第 153 号国家公报修正）出于第 1 款规定的目的，使用纵火、爆炸、决水或其他具有社会危险性的行为手段的，处 15 年至 20 年监禁、终身监禁或者不可变更的终身监禁。

第 97 条（1995 年第 50 号国家公报补充；1998 年第 153 号国家公报修正）

出于前条规定的目的，实施第 349 条或第 350 条规定的社会危险性罪行的，处10年至20年监禁、终身监禁或者不可变更的终身监禁。

第97条a（1985年第41号国家公报新增）

1. 出于第96条规定的目的，扣押人质，以国家、国家所属的某一地方、公共组织或者第三人满足其提出的特定条件作为释放人质的前提的，处3年至10年监禁。

2. 在前款所述的情形中，如果行为人在其提出的条件未得到满足时发出将杀害人质或造成人质重伤或中伤的威胁的，处3年至15年监禁。

第二节　通敌罪与间谍罪

第98条

1. 在针对共和国的战争或者其他敌对活动中，支持外国国家或外国组织的，处5年至15年监禁。

2. 以怂恿对共和国发动战争或者实施其他敌对行为为目的，实施其他行为的，处与前款相同的刑罚。

第99条

1. （1995年第50号国家公报补充；1998年第153号国家公报修正）出于挑起针对共和国的战争或者使其国际关系恶化的目的，杀害外国国家代表人的，处10年至20年监禁、终身监禁或者不可变更的终身监禁。

2. 出于同样的目的，造成所指人员重伤的，处5年至15年监禁。

第100条

1. （1995年第50号国家公报补充；1998年第153号国家公报修正）保加利亚公民在已经宣战或者已经开始的战争中，自愿地在敌对的军队或武装组织中服役，或者参与针对共和国的敌对活动，或者以任何形式向敌人提供物品的，处10年至20年监禁、终身监禁或者不可变更的终身监禁。

2. 保加利亚公民以任何方式向正在针对共和国实施军事或其他敌对活动的外国国家或国外公共组织提供任何帮助的，处以相同的刑罚。

第101条

1. 保加利亚公民出于向外国国家或外国组织提供服务的目的，离开共和国或者拒绝回国以为之服务而危害共和国的，处3年至10年监禁。

2. 军人实施前款行为的，处5年至15年监禁。

第102条

1. 出于减弱共和国防卫能力的目的，在保加利亚军队中制造骚乱、公然违抗命令事件或者逃离部队事件的，处5年至15年监禁。

2. （1995年第50号国家公报补充；1998年第153号国家公报修正）如果该行为造成严重后果，或者在战时实施该行为的，处10年至20年监禁、终身监禁或者不可变更的终身监禁。

第103条

在外国或者国际组织中担任国家代表的人，在履行公务或者使命的过程中，故意损害共和国利益的，处10年至15年监禁。

第104条

1. （1995年第50号国家公报补充；1998年第153号国家公报修正；2004年第26号国家公报修正）向外国国家或外国组织泄露国家秘密或者为了进行这种泄露而收集国家秘密的，构成间谍罪，处10年至20年监禁、终身监禁或者不可变更的终身监禁。

2. 如果行为人自动向当局有关机关交代其所实施的罪行的，

则应予以减轻处罚。

3.（1975 年第 95 号国家公报修正；1989 年第 99 号国家公报修正；2004 年第 26 号国家公报修正）哪些信息属于国家秘密由法律进行规定。

第 105 条

1. 为了从事间谍活动而在外国国家或外国组织中服务的人，如果没有实施前条规定的犯罪行为的，处 5 年至 15 年监禁。

2. 如果行为人自动向当局有关机关交代其所实施的罪行的，不予处罚。

第三节　蓄意破坏罪与暗中破坏罪

第 106 条（1995 年第 50 号国家公报补充；1998 年第 153 号国家公报修正）

出于削弱国家权力或制造困境的目的，毁灭、破坏建筑物、构筑物、装置、设备、运输设备、通信设备或其他重要的公共财产的，构成蓄意破坏罪，处 5 年至 15 年监禁；情节特别严重的，处 20 年监禁、终身监禁或者不可变更的终身监禁。

第 107 条

出于削弱国家权力或制造困境的目的，利用国家机构、国有企业或公共组织扰乱、破坏工业、运输、农业、金融和信用制度或其他经济部门、个体经济企业，或者阻碍他们的活动，或者不执行指定的重要的经济任务的，构成暗中破坏罪，处 3 年至 10 年监禁；情节特别严重的，处 5 年至 15 年监禁。

第四节　其他犯罪①

第108条（1985年第41号国家公报补充；1989年第99号国家公报修正；1993年第10号国家公报修正）

1.（2002年第92号国家公报修正）散布法西斯主义、其他反民主的思想或者以强力改变《保加利亚共和国宪法》所建立的社会国家制度的思想的，处不超过3年的监禁或者100列弗至300列弗的罚金。

2.（2002年第92号国家公报修正）玷污保加利亚共和国国徽、国旗或国歌的，处不超过1年的监禁或者100列弗至300列弗的罚金。

第108条a（2002年第92号国家公报新增）

1. 出于造成人们混乱或者恐慌或者威胁、强迫当局的某个机关、公共代表、外国代表、国际组织代表在其职责范围内作为或者不作为的目的，实施第115条、第128条、第142条第1款、第216条第1款、第326条、第330条第1款、第333条、第334条第1款、第337条第1款、第339条第1款、第340条第1款和第2款、341条a第1款至第3款、第341条b第1款、第344条、第347条第1款、第348条、第349条第1款和第3款、第350条第1款、第352条第1款、第354条第1款、第356条f第1款、第356条h所规定的罪行的，构成恐怖主义罪，处5年至15年监禁；造成死亡结果的，处15年至30年监禁、终身监禁或者不可变更的终身监禁。

2. 明知或者应知将被用于本条第1款规定的目的，而以任何

---

① 1989年第99号国家公报对节名进行了修正。

方式直接或者间接地为第 1 款规定的行为筹集或提供资财的，处 3 年至 15 年监禁，并处不超过 30000 列弗的罚金。

3. 第 2 款所规定犯罪所指的资财应当被没收归国有，如果已经无法找到或者已经归他人所有的，则犯罪人应当缴纳同等价值的金钱。

第 109 条

1. （1989 年第 99 号国家公报修正；2002 年第 92 号国家公报修正）组织、领导以实施本章规定犯罪为目的的犯罪集团的，处不超过 20 年的监禁，但最高不得超过各罪所规定的法定刑。

2. （2002 年第 92 号国家公报修正）对这些犯罪集团的成员，处不超过 10 年的监禁，但最高不得超过各罪所规定的法定刑。

3. （1975 年第 95 号国家公报补充；2002 年第 92 号国家公报修正）这些犯罪集团的参加者自动向有关机关投案并交代其所知悉的集团所犯的全部罪行，从而对集团所犯罪行的侦破和证实提供了实质性的便利的，根据第 55 条的规定进行处罚。

4. （2002 年第 92 号国家公报修正）集团的成员在集团或其本人实施另一新的犯罪之前，自动投案并且交代集团的罪行的，不予处罚。

第 110 条（1989 年第 99 号国家公报修正；2002 年第 92 号国家公报修正）第 95 条、第 96 条、第 99 条、第 106 条、第 107 条、第 108 条第 1 款规定罪行的犯罪预备，处不超过 6 年的监禁。

第 111 条（1989 年第 99 号国家公报废止）

第 112 条（1985 年第 41 号国家公报修正；1989 年第 99 号国家公报废止）

第 112 条 a（1985 年第 41 号国家公报修正；1989 年第 99 号国家公报废止）

第 113 条（1989 年第 99 号国家公报废止）

附加条款

第114条

1.（1982年第28号国家公报修正；2004年第103号国家公报修正）对本章的犯罪，法院可以适用第37条第1款第6项至第10项的剥夺权利。

2.（2002年第92号国家公报补充）对第95条至第107条规定的犯罪，法院可以适用部分或全部没收财产。

第二章　侵犯人身罪

第一节　谋　杀　罪

第115条

蓄意杀害他人的，构成谋杀罪，处10年至20年监禁。

第116条

1.（以前的第116条——1997年第62号国家公报修正）谋杀：

（1）（1982年第28号国家公报补充；1997年第62号国家公报修正）在履行职责过程中的公务员、公共代表、军人（包括来自联盟或友好国家或军队的这类人员）以及受国际保护的人员的；

（2）由公务员、公共代表、警察在履行职责过程中实施的；

（3）父母或亲生子女的；

（4）（1997年第62号国家公报补充）怀孕妇女、未成年人、多于一人的；

（5）处于无助状态的人；

(6)以对多数人的生命构成危险的方法或手段实施，或者以非常折磨人的方法或者非常残忍的方法实施的；

(7)出于贪利动机的；

(8)出于便于其他犯罪的实施或者掩盖其他犯罪的目的的；

(9)恶意实施的；

(10)(2002 年第 92 号国家公报修正)由执行有组织犯罪集团的决定或命令的人实施的；

(11)(以前的第 10 项——2002 年第 92 号国家公报修正)出于流氓动机实施的；

(12)(以前的第 11 项——2002 年第 92 号国家公报修正；2004 年第 103 号国家公报修正)构成危险的累犯，或者是由此前实施了前条或本条规定的其他蓄意谋杀罪行但尚未被判决的人实施的，

(1982 年第 28 号国家公报修正；1995 年第 50 号国家公报补充；1998 年第 153 号国家公报修正)处 15 年至 20 年监禁、终身监禁或者不可变更的终身监禁。

2. (1997 年第 62 号国家公报新增；1998 年第 153 号国家公报修正；2004 年第 103 号国家公报修正；2005 第 43 号国家公报修正)谋杀履行职责过程中的法官、检察官、内务部系统工作人员、国家警卫、私人警卫、代理警卫、关税工作人员、税务工作人员、国家林业部工作人员、水与环境部工作人员的，处 20 年至 30 年监禁、终身监禁或者不可变更的终身监禁。

第 117 条

1. 第 115 条和第 116 条规定的谋杀罪的犯罪预备，处不超过 3 年的监禁；

2. 教唆他人进行谋杀的，处相同的刑罚。

第 118 条(1982 年第 28 号国家公报修正)

被害人针对犯罪人或其近亲属使用暴力、严重侮辱或诽谤或

者实施其他非法行为，因此对犯罪人造成严重后果或者具有造成严重后果的危险性，犯罪人在由于被害人的这种挑衅而产生的激情状态下对被害人实施杀害行为的，其处罚为：在第 115 条规定的情况下，处 1 年至 8 年的监禁；在第 116 条第 1 款第 1 项至第 6 项规定的情况下，处 3 年至 10 年的监禁。

第 119 条

超过防卫的必要限度实施的谋杀，处不超过 5 年的监禁。

第 120 条

母亲对刚出生或者出生不久的子女实施谋杀的，处不超过 3 年的监禁。

第 121 条

父母谋杀具有畸形外表的新生婴儿的，处不超过 1 年的监禁或者缓刑。

第 122 条

1. 过失导致他人死亡的，处不超过 3 年的监禁。

2. 如果死亡结果是使用枪支或剧毒物质导致的，或者导致二人或更多的人死亡的，处不超过 5 年的监禁。

第 123 条

1. 从事与职业活动或者其他法律有规定的具有高度危险性的活动的人，由于疏忽或者漫不经心而导致他人死亡的，处不超过 5 年的监禁。

2. 无资格从事前款规定的职业活动或危险活动的人，在这些活动中由于过失导致他人死亡的，处 1 年至 5 年的监禁。

3. 在前述各款规定的情况下，如果行为人处于醉态或者导致多于一人以上的人死亡的，处 3 年至 8 年的监禁；情节特别严重的，处 5 年至 15 年的监禁。

4. 如果行为人在实施行为后亲自尽力抢救被害人的：对于第

1 款和第 2 款规定行为，处不超过 3 年的监禁；对第 3 款规定的行为，处不超过 5 年的监禁，情节特别严重的，处 3 年至 10 年的监禁。

第 124 条

1. 对故意伤害他人但过失导致其死亡的案件，如果是重伤引起死亡的，处 3 年至 12 年的监禁，如果是中伤引起死亡的，处 2 年至 8 年的监禁，如果是轻伤引起死亡的，处不超过 5 年的监禁。

2. （1975 年第 95 号国家公报新增；1982 年第 28 号国家公报修正；1986 年第 89 号国家公报修正）被害人对犯罪人或其近亲属使用暴力、严重侮辱或诽谤或者实施其他非法行为，因此对犯罪人造成严重后果或者具有造成严重后果的危险性，如果犯罪人在由于被害人的这种挑衅而产生的激情状态下对被害人实施前款规定的行为的，其处罚为：因为重伤而导致的，处不超过 5 年的监禁；因为中伤而导致的，处不超过 3 年的监禁；因为轻伤而导致的，处不超过 2 年的监禁。

3. （1986 年第 89 号国家公报新增；2002 年第 92 号国家公报修正；2004 第 103 号国家公报修正）因为伤害而导致死亡结果发生的案件，如果构成危险的累犯的，处罚为：因为重伤而导致的，处 5 年至 15 年的监禁；因为中伤而导致的，处 3 年至 10 年的监禁。

4. （1986 年第 89 号国家公报新增）如果第 1 款和第 3 款规定的行为是在超出防卫的必要限度的情况下实施的：因为重伤而导致的，处不超过 5 年的监禁；因为中伤而导致的，处不超过 4 年的监禁；因为轻伤而导致的，处不超过 2 年的监禁。

第 125 条

母亲过失地导致其未出生或者刚出生的子女死亡的，不予处罚。

第 126 条

1.（1997 年第 62 号国家公报修正）得到孕妇同意而在卫生部指定的卫生机构以外或者违反卫生部制定的规程杀死胎儿的，处不超过 5 年的监禁。

2.（1997 年第 62 号国家公报修正）如果罪犯是不具有医学教育高等学位的人或者杀死两个或者两个以上妇女的胎儿的，处不超过 8 年的监禁。

3.（1997 年第 62 号国家公报修正）如果前述各款的行为被再次实施的，处 2 年至 8 年的监禁。

4. 前述各款中的孕妇（包括教唆者与接受教唆者）不应承担刑事责任。

5.（1997 年第 62 号国家公报修正）如果没有得到孕妇的同意而杀死胎儿的，处 3 年至 8 年的监禁。

6.（1997 年第 62 号国家公报修正）在前述情形下，如果造成孕妇死亡之结果的，处 5 年至 12 年的监禁。

第 127 条

1. 以任何方式帮助或者教唆他人自杀或者试图自杀的，处不超过 3 年的监禁。

2. 如果行为对象是未成年人或者是犯罪人明知其属于不能理解其行为的性质、严重程度或者不能控制其行为的人的，处 3 年至 10 年的监禁。

3. 行为人对在物质上或者其他方面依赖于他的人，以虐待或者有计划地侮辱人格尊严的手段，致使被害人进行行为人所期待的自杀或者试图自杀的，处 2 年至 8 年的监禁。

4. 如果前款规定的行为是过失实施的，处不超过 3 年的监禁。

第二节　伤　害　罪

第 128 条

1. 伤害他人造成重伤的，处 3 年至 10 年的监禁。

2. 如果造成下列伤害，应被视为重伤：持续的精神错乱；一目或双目持续失明；耳朵永久性地失聪；丧失语言功能；失去生殖能力；畸形而导致语言功能或者感觉器官功能的永久失调；失去一个肾脏、脾脏或者肺叶；失去一条腿或者一只手或者变成残废；有生命危险的永久性的普通疾病。

第 129 条

1. 伤害他人造成中伤的，处不超过 5 年的监禁。

2. 如果造成下列伤害，应被视为中伤：视能与听能的永久性减弱；永久性的语言困难、肢体或脖子运动困难；尚未导致生殖能力丧失的生殖器官功能障碍；颌骨活动功能减弱或牙齿的功能丧失但尚未造成咀嚼或者语言功能丧失的；脸部或者身体其他部分的畸形；不危及生命的永久性疾病，或者暂时有危及生命危险的疾病；导致颅骨、胸部和腹腔穿孔的伤害。

第 130 条

1. 导致他人造成第 128 条和第 129 条之外的疾病的，属于轻伤，处不超过 2 年的监禁或者缓刑。

2. （1982 年第 28 号国家公报修正；1982 年第 31 号国家公报校正；1993 年第 10 号国家公报修正；2002 年第 92 号国家公报修正）造成表现为疼痛但不属于健康疾病的轻伤的，处不超过 6 个月的监禁或者缓刑或者 100 列弗至 300 列弗的罚金。

3. 在前述各款规定的情况中，如果被害人即刻地对行为人进行还击造成同等的身体伤害的，则法院可以免除其彼此的刑罚。

第131条（1982年第28号国家公报修正与补充；1975年第95号国家公报修正）

1.（以前的第131条的内容——1997年第62号国家公报修正）对于下列伤害行为：

（1）（1997年第62号国家公报修正）伤害在履行职责过程中的公务员、公共代表、军人（包括来自联盟或友好国家或军队的这类人员）以及受国际保护的人员；

（2）由公务员、公共代表、警察在履行职责过程中实施的伤害行为；

（3）伤害父母；

（4）（1997年第62号国家公报补充）伤害怀孕妇女、未成年人，或者被害人多于一人的；

（5）以极度折磨被害人的方法实施伤害的；

（6）由此前实施了第128条或第129条规定的其他故意重伤或中伤的罪行但尚未被判决的人实施的；

（7）多次实施伤害的；

（8）（2002年第92号国家公报新增）由执行有组织犯罪集团的决定或命令的人实施的；

（9）（2002年第92号国家公报新增）以对多数人的生命构成危险的方法或手段实施，或者以非常残忍的方法实施的；

（10）（2002年第92号国家公报新增）出于贪利动机的；

（11）（2002年第92号国家公报新增）出于便于其他犯罪的实施或者掩盖其他犯罪的目的；

（12）（2002年第92号国家公报新增）恶意实施的；

如果伤害是重伤，处3年至12年的监禁；如果是中伤的，处1年至5年的监禁；如果是第130条第1款规定的轻伤的，处不超过1年的监禁，如果是第130条第2款规定的轻伤的，处缓刑。

2.（1997年第62号国家公报新增；2004年第103号国家公报修正；2005年第43号国家公报修正）伤害履行职责过程中的法官、检察官、侦查人员、内务部系统工作人员、国家警卫、私人警卫、代理警卫、关税工作人员、税务工作人员、国家林业部工作人员、水与环境部工作人员的，其处罚为：

（1）造成重伤的，处5年至15年的监禁；

（2）造成中伤的，处3年至10年的监禁；

（3）造成第130条第1款规定的轻伤的，处1年至5年的监禁；

（4）造成第130条第2款规定的轻伤的，处不超过3年的监禁。

第131条a（以前的第131条第2款——1982年第28号国家公报修正；1986年第89号国家公报修正；2002年第92号国家公报修正；2004年第103号国家公报修正）

如果伤害构成危险的累犯的，其处罚为：造成重伤的，处5年至12年的监禁；造成中伤的，处3年至8年的监禁。

第132条

1.（1982年第28号国家公报修正；1986年第89号国家公报补充）被害人针对犯罪人或其近亲属使用暴力、侮辱、诽谤或者实施其他非法行为，因此对犯罪人造成严重后果或者具有造成严重后果的危险性，犯罪人在由于被害人的这种挑衅而产生的激情状态下对被害人实施伤害行为造成伤害的（包括第131条a规定行为在内），其处罚为：

（1）造成重伤的，处不超过3年的监禁；

（2）造成中伤的，处不超过1年的监禁；

（3）造成第130条第1款规定的轻伤的，处3个月的监禁或者不超过6个月的缓刑；

（4）（1993 年第 10 号国家公报修正；2002 年第 92 号国家公报修正）造成第 130 条第 2 款规定的轻伤的，处不超过 6 个月的缓刑或者 100 列弗至 300 列弗的罚金。

2. 如果前款规定的伤害行为是在超出防卫的必要限度的情况下实施的，也处以与前款规定相同的刑罚。

第 133 条

因过失造成他人重伤或者中伤的，处不超过 1 年的监禁或者缓刑。

第 134 条

1. 从事与职业活动或者其他法律有规定的具有高度危险性的活动的人，由于疏忽或者漫不经心地操作而导致他人重伤或者中伤的，其刑罚为：

（1）造成重伤的，处不超过 3 年的监禁；

（2）造成中伤的，处不超过 2 年的监禁或者缓刑。

2. 无资格从事前款规定的职业活动或危险活动的人，在这些活动中因过失导致他人重伤或者中伤的，处以相同的刑罚。

3. 在前述各款规定的情况下，如果行为人处于醉态或者被伤害的人多于一人以上的，且所造成的伤害是重伤的，处不超过 5 年的监禁；所造成的伤害是中伤的，处不超过 3 年的监禁。

4. 如果行为人在实施行为后亲自尽力救助被害人的，则在量刑时应被作为减轻情节予以考虑。

第 135 条

1. （1993 年第 10 号国家公报修正；1997 年第 62 号国家公报修正）明知自己患有传染病而将该疾病传染给他人的，处不超过 3 年的监禁和不超过 200 列弗的罚金。

2. （1993 年第 10 号国家公报修正；1997 年第 62 号国家公报修正）在前款规定的情况下，如果被传染者是不满 16 周岁的未成年人或者多于二人的，处不超过 5 年的监禁或者不超过 500 列弗的罚金。

3.（1993 年第 10 号国家公报修正；1997 年第 62 号国家公报修正）明知自己患有传染病而过失地将该疾病传染给他人的，处不超过 1 年的监禁或者不超过 200 列弗的罚金。

4.（1993 年第 10 号国家公报修正；1997 年第 62 号国家公报修正）通过性交或者其他方法使他人处于感染传染病的危险中的，处不超过 6 个月的监禁或者不超过 200 列弗的罚金。

5.（1982 年第 28 号国家公报补充；1993 年第 10 号国家公报修正；1997 年第 62 号国家公报修正）患有传染病的人拒绝治疗或者逃避定期的强制治疗的，通过行政程序处以不超过 300 列弗的罚金。

6. 如果再次实施前款规定的行为，处不超过 6 个月的监禁。

第三节　遗　弃　罪

第 136 条

1. 违反劳动安全保护规定，陷职工的生命健康于危险状态的，处不超过 3 年的监禁或者缓刑，并处公开训诫。

2.（1982 年第 28 号国家公报新增）因过失实施前款行为，而陷职工的生命健康于危险状态的，处不超过 1 年的监禁或者缓刑。

第 137 条

行为人明知他人是因为未成年、退休、疾病或者其他无自立能力的情况而不能保护自己的人，而不予以提供帮助使其生命受到威胁的，处不超过 3 年的监禁。

第 138 条

对其有义务照顾的人，有生命危险的人，因为未成年、退休、疾病或者其他无自立能力的情况而不能保护自己的人，有能力提供帮助而故意不提供帮助的，处不超过 1 年的监禁或者缓刑。

第 139 条（1982 年第 28 号国家公报修正；1993 年第 10 号国家公报修正；2002 年第 92 号国家公报修正）

对面临即刻会出现生命危险的他人，在不危及自己或者他人的情况下，有能力提供帮助而不予以提供帮助的，处不超过 6 个月的缓刑或者 100 列弗至 300 列弗的罚金。

第 140 条

交通工具的驾驶人在其作为当事方的交通事故发生后，在不危及自己或者他人的情况下，有能力对受伤的人提供帮助而不予以提供帮助的，处不超过 1 年的监禁或者缓刑。

第 141 条

1.（1982 年第 28 号国家公报修正；1993 年第 10 号国家公报修正；2002 年第 92 号国家公报修正）医务人员在遇到治疗的请求后，无正当的理由而拒绝对病人或者分娩的妇女提供救助的，处缓刑或者 100 列弗至 300 列弗的罚金。

2. 如果行为人明知该病人或者分娩的妇女处于危险状态而不救助的，处不超过 1 年的监禁或者缓刑。

3.（1982 年第 28 号国家公报修正；1993 年第 10 号国家公报修正；2002 年第 92 号国家公报修正）有义务对病人提供帮助的人，无正当的理由而不提供帮助的，处不超过 6 个月的缓刑或者 100 列弗至 300 列弗的罚金。

第四节　绑架与非法拘禁罪[1]

第142条（1995年第50号国家公报新增）

1.（2002年第92号国家公报修正）以非法拘禁他人为目的绑架他人的，处1年至6年的监禁。

2. 有下列情形的，处3年至10年的监禁：

（1）行为人携带武器的；

（2）由二人或者更多的人实施的；

（3）（1997年第62号国家公报修正）被劫持人是孕妇或者未满18周岁的未成年人的；

（4）被绑架人是受国际保护人员的；

（5）对二人或者二人以上的人实施绑架的；

（6）（1997年第62号国家公报新增）从事保卫工作的人员、从事保卫或者看护工作的人员、从事保卫或者看护业务的组织的雇员以及这种组织的信息传递员或者假冒其信息传递员的人、内务部工作人员或者假冒内部工作人员的人实施绑架的；

（7）（1997年第62号国家公报新增；2002年第92号国家公报补充）出于贪利动机或者将被害人带离国境为目的而实施绑架的；

（8）（1997年第62号国家公报新增；2002年第92号国家公报修正）由执行第321条a规定的组织、团伙或者有组织犯罪集团的决定或命令的人实施的；

3. 如果第1款和第2款规定的行为造成重大损害后果的，处3年至12年的监禁。

---

① 1995年第50号国家公报修正了节名。

4. 如果属于再次实施犯罪或者被绑架人遭受到特别残酷的虐待的，处 5 年至 15 年的监禁。

第 142 条 a（以前第 142 条的内容——1995 年第 50 号国家公报修正）

1. （1997 年第 62 号国家公报修正）非法拘禁他人的，处不超过 2 年的监禁；

2. （1997 年第 62 号国家公报修正）如果是由公务员、公共代表违反其职责实施的，或者是由第 142 条第 2 款第 6 项和第 8 项规定的人员实施的，处 1 年至 6 年的监禁；

3. （1997 年第 62 号国家公报新增）如果前述各款规定的行为是针对孕妇、未成年人实施的，处 3 年至 10 年的监禁；

4. （以前的第 3 款——1997 年第 62 号国家公报修正）如果前述各款规定的行为以折磨人的方法或者危及被害人健康的方法实施，或者拘禁的持续时间超过 48 小时的，处 3 年至 10 年的监禁；

5. （以前的第 4 款——1997 年第 62 号国家公报修正）故意接纳或者拘禁正常人于精神病治疗机构的，处与前款相同的刑罚；

6. （原第 5 款—1982 年第 28 号国家公报新增；1995 年第 50 号国家公报废止）

（原第 6 款—1982 年第 28 号国家公报新增；1995 年第 50 号国家公报废止）

第五节 强 迫 罪

第 143 条（1995 年第 50 号国家公报修正）

1. （以前的第 143 条的内容——1997 年第 62 号国家公报修

正）使用暴力、威胁或者滥用权力，强迫他人完成、放弃或者容认某一事情的，处不超过6年的监禁。

2.（1997年第62号国家公报新增）由第142条第2款第6项和第8项规定的人实施前款规定的行为的，处3年至10年的监禁。

3.（1997年第62号国家公报新增；2004年第103号国家公报修正；2005年第43号国家公报修正）对履行职责过程中的法官、检察官、侦查人员、内务部工作人员、国家警卫、私人警卫、代理警卫、关税工作人员、税务工作人员、国家林业部工作人员、水与环境部工作人员实施前款规定的强迫行为的，处2年至8年的监禁。

第143条a（1985年第41号国家公报新增）

1. 扣押他人作为人质，以州下属的某一部分、州、公共组织或者第三人满足其提出的特定条件作为释放人质的前提的，处1年至8年监禁。

2. 在前款所述的情形中，如果行为人在其提出的条件未得到满足时发出将杀害人质或造成人质重伤或中伤的威胁的，处2年至10年的监禁。

3.（1997年第62号国家公报新增）如果前述各款规定的行为是由第142条第2款第6项和第8项规定的人实施的，其刑罚为：

（1）实施第1款规定的行为的，处2年至10年的监禁；

（2）实施第2款规定的行为的，处5年至12年的监禁。

第144条

1.（1982年第28号国家公报修正；1993年第10号国家公报修正；1997年第62号国家公报修正；2002年第92号国家公报修正）以将对被害人或其近亲属的人身、财产实施犯罪侵害相威胁，且这一威胁足以造成被害人对其将予以实施的犯罪侵害产生恐惧的，处不超过6个月的监禁或者100列弗至300列弗的罚金。

2.（1982年第28号国家公报修正与补充；1993年第10号国家公报修正；1997年第62号国家公报修正）威胁履行职责过程中的公务员、公共代表或者受国际保护的人员的，处不超过1年的监禁或者不超过200列弗的罚金。

3.（1997年第62号国家公报补充）如果行为人发出死亡威胁或者威胁是由第142条第2款第6项和第8项规定的人实施的，处不超过3年的监禁或者缓刑。

第六节　泄露他人秘密罪

第145条

1.（以前的第145条的内容——1982年第28号国家公报修正；1993年第10号国家公报修正；2002年第92号国家公报修正）非法泄露他人委托其管理的秘密或者由于业务而知悉的他人秘密，后果可能危及他人的良好名声的，处不超过1年的监禁或者100列弗至300列弗的罚金。

2.（1982年第28号国家公报新增）出于对被收养人造成损害结果的目的，向养父母或者其家庭成员泄露收养秘密的，处不超过6个月的监禁或者缓刑；行为具有严重情节的，处不超过1年的监禁。

第145条a（1997年第62号国家公报新增）

1. 对使用特别的情报收集方式获取的信息，超出保护国家安全或者进行刑事诉讼的目的而使用的，处不超过3年的监禁，并处不超过500列弗的罚金。

2. 如果行为是由在其职权范围内获得或者知悉该信息的公务

员所实施的，处 1 年至 5 年的监禁，并处不超过 5000 列弗的罚金。

3. 在前款规定的情况下，法院可以裁定对被告人剥夺第 37 条第 1 款第 6 项和第 7 项规定的权利。

第七节　侮辱罪与诽谤罪

第 146 条

1. （1982 年第 28 号国家公报修正；1993 年第 10 号国家公报修正；2000 年第 21 号国家公报修正）在被害人在场的情况下，以言语或者其他方式贬低其人格尊严的，构成侮辱罪，处 1000 列弗至 3000 列弗的罚金。法院也还可以对罪犯判处公开训诫的刑罚。

2. 如果被侮辱人对侮辱人即刻进行了反侮辱的，则法院可以免除双方的刑罚。

第 147 条

1. （1982 年第 28 号国家公报修正；1993 年第 10 号国家公报修正；2000 年第 21 号国家公报修正）公开他人的不光彩之事或者将犯罪行为强加于他人身上的，构成诽谤罪，处 3000 列弗至 7000 列弗的罚金，并处公开训诫。

2. 如果所公开的情况和所指称的犯罪被查证属实的，则对行为人不予处罚。

第 148 条

1. （1982 年第 28 号国家公报修正；1993 年第 10 号国家公报修正；2000 年第 21 号国家公报修正）侮辱罪具有下列情形之一的，处 3000 列弗至 10000 列弗的罚金和公开训诫：

（1）公开进行侮辱的；

（2）通过印刷品或者其他方式进行传播的；

（3）对履行职责过程中的公务员、公共代表进行侮辱的；

（4）由履行职责过程中的公务员、公共代表实施的。

2.（1982 年第 28 号国家公报修正，2000 年第 21 号国家公报修正）实施诽谤罪的过程中具有前款所述的情形之一且具有严重情节的，处 5000 列弗至 15000 列弗的罚金和公开训诫。

3. 第 146 条第 2 款的规定也适用于第 1 款第 1 项规定的情形。

第 148 条 a（1997 年第 62 号国家公报新增；2000 年第 21 号国家公报修正）

行为人以其从内务部档案馆非法获得的信息为根据，以言辞、印刷品或者其他方法公布有关他人的资料、事实或者没有证据证实的陈述的，处 5000 列弗至 20000 列弗的罚金。

第八节 妨害风化罪

第 149 条（1982 年第 28 号国家公报补充；1986 年第 89 号国家公报修正）

1.（1996 年第 107 号国家公报修正）为了激起或者满足性欲，而对不满 14 周岁的人实施性交以外的其他行为的，构成猥亵罪，处不超过 5 年的监禁。

2.（1996 年第 107 号国家公报修正）使用暴力、威胁手段，或者利用被害人的无助状态或者使其陷入无助状态，而实施这种猥亵行为的，处 2 年至 8 年的监禁。

3.（1996 年第 107 号国家公报修正）如果前述各款规定的行为是再次实施的或者具有特别严重的情节的，处 3 年至 10 年的监禁。

4.（1996 年第 107 号国家公报新增）具有下列情形之一的猥亵罪，处 3 年至 15 年的监禁：

（1）由二人或者二人以上的人实施的；

（2）（1997 年第 62 号国家公报废止）

（3）（1997 年第 62 号国家公报废止）

（4）（1997 年第 62 号国家公报废止）

5.（1997 年第 62 号国家公报新增）具有下列情形之一的猥亵罪，处 5 年至 20 年的监禁：

（1）猥亵的对象达到二人或者二人以上的；

（2）造成重伤或者引起被害人试图自杀的；

（3）构成危险的累犯的。

第 150 条（1982 年第 28 号国家公报补充；1986 年第 89 号国家公报修正；1996 年第 107 号国家公报修正）

为了激起或者满足性欲，对不满 14 周岁的人使用暴力、威胁手段，或者利用其无助的状态或者使其陷入无助的状态，与之实施性交以外的其他行为的，处 2 年至 8 年的监禁。

第 151 条

1. 与不满 14 周岁的人进行性交，但尚未构成第 152 条规定的犯罪的，处 2 年至 5 年的监禁。

2. 与不满 14 周岁的人进行性交，但不理解其行为的性质或者重要性的，处不超过 3 年的监禁。

第 152 条

1. 与下列女性进行性交的，构成强奸罪，处 2 年至 8 年的监禁：

（1）与无力保护自己的女性性交或者未经其同意与其性交的；

（2）使用暴力或者威胁强迫女性与其性交的；

（3）以使其陷入无助状态的方法与其性交的。

2. 有下列情形之一的强奸罪，处 3 年至 10 年的监禁：

（1）（2002 年第 92 号国家公报修正）强奸不满 18 周岁的未成年人的；

（2）强奸女性晚辈亲属的；

（3）（1982 年第 28 号国家公报新增）属于第二次实施强奸的。

3.（1982 年第 28 号国家公报修正）有下列情形之一的强奸罪，处 3 年至 10 年的监禁：

（1）由二人或者二人以上的人实施的；

（2）造成中伤后果的；

（3）导致被害人试图自杀的；

（4）（2002 年第 92 号国家公报新增）为了让其以后从事猥亵活动或者卖淫活动而实施强奸的；

（5）（以前的第 4 项——2002 年第 92 号国家公报修正）构成危险的累犯的。

4.（1982 年第 28 号国家公报修正；2002 年第 92 号国家公报修正）有下列情形之一的强奸罪，处 10 年至 20 年的监禁：

（1）强奸不满 14 周岁的未成年人的；

（2）导致被害人重伤的；

（3）引起被害人试图自杀的；

（4）如果具有特别严重的情节的。

第 153 条

利用被害人在物质上或者雇用关系上的依赖，强迫女性与其性交的，处不超过 3 年的监禁。

第 154 条

尊亲属与卑亲属之间、兄妹与姐弟之间、收养人与被收养人之间性交的，处不超过3年的监禁。

第155条

1. （1982年第28号国家公报修正；1993年第10号国家公报修正；1997年第62号国家公报修正；2002年第92号国家公报修正；2004年第26号国家公报修正）教唆他人从事卖淫、猥亵活动或者进行性交的，处不超过3年的监禁，并处300列弗至600列弗的罚金。

2. （1993年第10号国家公报修正；1997年第62号国家公报修正）向与不同的人进行性交或者其他猥亵活动有计划地提供房屋的，处不超过5年的监禁，并处50列弗至500列弗的罚金。

3. （1997年第62号国家公报新增；2002年第92号国家公报修正）出于贪利动机实施第1款和第2款规定的行为的，处1年至6年的监禁，并处500列弗至1000列弗的罚金。

4. （2000年第21号国家公报新增）使用毒品或其相似物，以教唆或者强迫他人从事卖淫、性交、同性性爱活动、猥亵活动的，处5年至15年的监禁，并处20000列弗至50000列弗的罚金。

5. （2000年第21号国家公报新增）如果行为实施时具有下列情节之一的，处10年至20年的监禁，并处100列弗至300列弗的罚金：

（1）（2002年第92号国家公报修正）由执行有组织犯罪集团的决定或者命令的人实施的；

（2）针对未成年人或者精神病人实施的；

（3）对多于二人以上的人实施的；

（4）再犯的。

6. （以前的第3款——1997年第62号国家公报修正；2000年第21号国家公报修正）使未成年人参与风化犯罪的，处2年至8年的监禁。

7.（2004年第103号国家公报废止）

第156条（1993年第10号国家公报修正）

1.（以前的第156条的内容——1997年第62号国家公报修正）为了实施伤害风化的行为而绑架女性的，处不超过10年的监禁，并处不超过1000列弗的罚金。

2.（1997年第62号国家公报新增）有下列情形之一的，处3年至12年的监禁：

（1）被绑架人是不满18周岁的人的；

（2）被绑架人被安排从事伤害风化的活动的；

（3）绑架行为是出于将被害人安排到国外从事伤害风化活动的目的的。

第157条

1.（1982年第28号国家公报补充；2002年第92号国家公报修正）使用暴力、威胁手段或者利用被害人对其的依附或者被监督关系，与属于同性的他人进行性交或者实施其他满足性欲的行为，或者与无自我保护能力的人进行这类行为的，处2年至8年的监禁，并处公开训诫。

2.（1982年第28号国家公报补充；1986年第89号国家公报修正；1997年第62号国家公报修正；2002年第92号国家公报修正；2004年第26号国家公报修正）与不满14周岁的人实施同性之间的性行为，但不构成第1款规定之罪的，处2年至5年的监禁。

3.（1986年第89号国家公报新增；2004年第26号国家公报修正）与不满14周岁的人实施同性之间的性行为，但不能理解其行为的性质或者重要性的，处不超过3年的监禁。

4.（以前的第3款——1986年第89号国家公报修正；2002

年第92号国家公报废止）

5.（1982年第28号国家公报修正；以前的第4款——1986年第89号国家公报修正；1993年第10号国家公报修正；2002年第92号国家公报修正；2004第103号国家公报修正）以从中牟利为目的教唆他人实施同性性行为，或者以给予或承诺给予利益而鼓励他人实施这类活动的，处不超过3年的监禁，并处不超过1000列弗的罚金。

第158条（1982年第28号国家公报修正）

在第149条至第151条和第153条规定的案件中，如果作为当事人的男方与女方在判决没有执行完毕之前结婚的，则对行为人不予以处罚或者被判处的刑罚不再执行。

第159条（2002年第92号国家公报修正）

1.（1982年第28号国家公报修正；1993年第10号国家公报修正；1997第62号国家公报修正）制造、展览、传播、提供、销售、出借或者以其他方式散布淫秽作品的，处不超过1年的监禁，并处1000列弗至3000列弗的罚金。

2. 向不满16周岁的人展览、呈现、提供、销售、出借淫秽作品的，处不超过3年的监禁，并处不超过5000列弗的罚金。

3. 在第1款和第2款规定的案件中，如果在该作品的创作中使用了未成年人或者外表像未成年人的人，处不超过5年的监禁，并处不超过8000列弗的罚金。

4. 第1款至第3款规定的行为是由执行有组织的犯罪集团的决定或者命令的人实施的，处不超过2年至8年的监禁，并处不超过10000列弗的罚金，法院还可以对罪犯判处没收全部财产或者部分财产。

5. 持有其中使用了未成年人或者外表像未成年人的淫秽物品的，处不超过1年的监禁或者不超过2000列弗的罚金。

6. 犯罪对象应收归国有，如果不知所踪或者已被他人所有的，犯罪人应当缴纳相同数额的金钱。

第九节　贩卖人口罪①

第159条a（2002年第92号国家公报新增）

1. 无论被害人是否同意，以将其用于堕落活动、非自愿的强制劳动、摘取身体器官或者将其置于强制服从之下为目的，收罗、运送、隐匿、收受个人或者一群人的，处1年至8年的监禁，并处不超过8000列弗的罚金。

2. 实施第1款规定行为有下列情形的，处2年至10年的监禁，并处不超过10000列弗的罚金：

（1）针对不满18周岁的人实施的；

（2）以强迫或者欺骗被害人的手段实施的；

（3）以绑架或者非法剥夺自由的方式实施的；

（4）利用被害人对其的依赖状态实施的；

（5）以渎职的方式实施的；

（6）以承诺、提供或者获取利益的方法实施的。

第159条b（2002年第92号国家公报新增）

1. 收罗、运送、隐匿、收受个人或者一群人，并且出于第159条a第1款规定的目的，将其运送进出国境的，处3年至8年的监禁，并处不超过10000列弗的罚金。

2. 如果第1款规定的行为，是在第159条a第2款规定的情形下实施的，处5年至10年的监禁，并处不超过15000列弗的罚金。

① 2002年第92号国家公报新增。

第 159 条 c（2002 年第 92 号国家公报新增）

当第 159 条 a 和第 159 条 b 规定的行为构成危险的累犯，或者是由执行有组织犯罪集团的决定或命令的人实施的，处 5 年至 15 年的监禁，并处不超过 20000 列弗的罚金，法院还可以对犯罪人裁定处以没收部分或者全部财产。

附 加 条 款

第 160 条

1. 对第 116 条第 2 项、第 123 条、第 126 条、第 131 条第 2 项、第 134 条、第 142 条第 2 款第 2 项至第 4 款规定的犯罪，法院可以处以第 37 条第 6 项或第 7 项规定的剥夺权利。

2. （1978 年第 54 号国家公报新增；1982 年第 28 号国家公报废止）

第 161 条（1982 年第 28 号国家公报新增；1986 年第 89 号国家公报补充；1995 年第 50 号国家公报修正；2000 年第 21 号国家公报修正）

1. （以前的第 161 条——2002 年第 92 号国家公报修正；2004 年第 26 号国家公报修正）第 130 条和第 131 条第 1 款第 3 项至第 5 项的轻伤，第 132 条的轻伤和中伤，第 144 条第 1 款、第 145 条、第 146 条、第 148 条 a 规定的犯罪，第 129 条、第 132 条、第 133 条和第 134 条中对尊亲属、卑亲属、配偶、兄弟姐妹造成身体伤害的，其刑事追诉应当基于被害人的控告而提起。

2. （2002 年第 92 号国家公报新增）第 133 条、第 135 条第 1 款、第 3 款、第 4 款和第 139 条至第 141 条规定的犯罪，对于这些属于自然犯的犯罪的刑事追诉应根据被害人的控告而提起，但不能根据其请求终止追诉。

第三章　侵犯公民权利罪

第一节　侵犯民族与种族平等罪

第 162 条

1. 鼓吹或者挑起种族、民族之间的敌对或仇恨、种族歧视的，处不超过 3 年的监禁和公开训诫。

2. 因为他人的民族、种族、宗教或政治信仰，而对其使用暴力或者毁坏其财物的，处不超过 3 年的监禁和公开训诫。

3. 以实行前述各款规定的行为为目的，而建立、领导一个组织或者集团的，处不超过 3 年的监禁和公开训诫。

4. 对该组织或集团的其他成员，处不超过 3 年的监禁和公开训诫。

5. （2004 年第 103 号国家公报废止）

第 163 条

1. 参加针对某类人群、公民个人或者他们的财产进行的，与其所属的民族、种族有关的聚众攻击活动的，其处罚为：

（1）对教唆者与领导者，处不超过 5 年的监禁；

（2）对其他的参与人，处不超过 1 年的监禁或者缓刑。

2. 如果被聚集的人群或其部分参与者持有武器的，其处罚为：

（1）对教唆者与领导者，处 1 年至 6 年的监禁；

（2）对其他的参与人，处不超过 3 年的监禁。

3. 如果实施了攻击行为且造成了致人重伤或者死亡后果的，对教唆者与领导者，处 3 年至 15 年的监禁，对其他的参与人，处不超过 5 年的监禁。但如果他们同时构成其他更重的犯罪而应受更重的刑罚的，则不受此限。

第二节　侵犯宗教信仰罪

第164条

以语言、出版物、行为或者其他方法传播宗教仇恨的，处不超过3年的监禁或者矫正监禁。

第165条

1. 以暴力、威胁方法妨碍公民在不违反国家法律、公共安宁和良好道德的情况下实施的宣传其信仰、举行宗教仪式或者从事宗教事务的活动的，处不超过1年的监禁。

2. 以与前款相同的方法强迫他人参加宗教仪式或者宗教事务的，处与前款相同的刑罚。

3. 针对某类人群、公民个人或者他们的财产实施与其所属的宗教信仰有关的第163条规定的侵害行为的，处该条规定的刑罚。

第166条（1982第28号国家公报补充；2002年第92号国家公报修正；2004年第103号国家公报修正）

建立以宗教背景为基础的政治组织，或者以语言、出版物、行为或者其他方法利用教堂或宗教宣传材料进行反对当局或者当局的活动的，在不构成更严重的犯罪的情况下，处不超过3年的监禁。

第三节　侵犯公民政治权利罪①

第167条

以暴力、欺骗、威胁或者其他方法妨碍他人行使选举权或者

① 1991年第1号国家公报对节名进行了修正。

被选举权的，处不超过3年的监禁或者缓刑。

第168条（1982年第28号国家公报修正；1993年第10号国家公报修正；2002年第92号国家公报修正）

没有选举权的人行使选举权的，处不超过6个月的缓刑或者100列弗至300列弗的罚金：

第169条

公务员（包括选举委员会成员）侵害投票的秘密性，或者以任何方式改变实际选举结果的，处不超过3年的监禁或者缓刑。

第169条a（1991年第1号国家公报新增；1993年第10号国家公报修正；2002年第92号国家公报修正）

以暴力、威胁或者其他非法方法，强迫他人违背其信念或者意志加入或者脱离某一政党、政治组织、政治运动或者政治联盟的，处不超过3年的监禁或者100列弗至300列弗的罚金。

第169条b（1991年第1号国家公报新增；1993年第10号国家公报修正；2002年第92号国家公报修正）

以暴力、威胁或者其他非法方法妨碍他人行使宪法上的政治权利的，处不超过3年的监禁或者100列弗至300列弗的罚金。

第169条c（1991年第1号国家公报新增）

履行职责过程中的公务员实施第169条a和第169条b规定的罪行的，处不超过5年的监禁。

第四节　侵犯住宅、建筑物与交通工具罪[①]

第170条（1982年第28号国家公报修正与补充；1993年第10号国家公报修正；1997年第62号国家公报修正）

① 1982年第28号国家公报对节名进行了修正。

1. 以暴力、威胁、诡计、诈术、滥用权力或者专门的技术设备，进入他人的住宅的，处不超过 3 年的监禁或者不超过 6 个月的缓刑。

2. 如果前款规定行为是在夜晚实施的，或者由持有武器的人实施的，或者由二人或二人以上的人实施的，处 1 年至 5 年的监禁。

3. 针对受国际保护的人员的住宅、交通工具或者公务建筑实施前述各款规定的行为的，其处罚为：实施第 1 款规定的行为的，处 1 年至 5 年的监禁；实施第 2 款规定的行为的，处 2 年至 8 年的监禁。

4. 在他人明确地发出离开的请求后，仍在其住宅中非法停留的，处不超过 1 年的监禁。

第五节　妨害通信罪

第 171 条（1982 年第 28 号国家公报修正；1993 年第 10 号国家公报修正）

1. 非法地实施下列行为的，处不超过 1 年的监禁或者 100 列弗至 300 列弗的罚金：

（1）开启、伪造、隐匿、毁坏他人的信件、电报、密封文书、包裹或者类似物的；

（2）（2002 年第 92 号国家公报修正）出于获知其中内容为目的，拿走他人已经开拆的信件、电报，或者出于同样的目的将他人的信件、电报交付给另外的其他人的；

（3）（2002 年第 92 号国家公报新增）收到以电子邮件等方式发送的收信人并不是他的信件后，获知该信件内容，或者从收信人那里获取这种信件的。

2. 如果公务员利用其职务实施本罪的，处不超过 2 年的监禁，法院也可以对其处以第 37 条第 1 款第 6 项规定的剥夺权利。

3. （2002 年第 92 号国家公报补充）使用技术手段非法地获知信息不是发给其本人的，但其以电话、电报、计算机网络或其他通信设备发送给他人信息的，处不超过 2 年的监禁。

第六节　侵犯公民受雇权利罪

第 172 条（1982 年第 28 号国家公报修正与补充；1991 年第 1 号国家公报修正）

1. （1993 年第 10 号国家公报修正；2002 年第 92 号国家公报修正）因为其民族、种族、宗教、出生、是否属于工会及其组织、政党、政治组织、政治运动或者政治联盟的成员，或者因为其本人或者其近亲属的政治或者其他方面的信仰，而故意妨碍他人获得职位或者强迫他人辞职的，处不超过 3 年的监禁或者不超过 5000 列弗的罚金。

2. 公务员拒绝执行重新雇用此前被不正当地解雇的工人、雇员的生效命令、决定的，处不超过 3 年的监禁。

第七节　侵犯知识产权罪[①]

第 172 条 a（1995 年第 50 号国家公报新增）

1. （1997 年第 62 号国家公报修正）未获得法律所要求的著作权人的同意，以技术手段或者其他方法，录制、复制、发行、广播、传送他人的科学、文学、艺术作品的，处不超过 3 年的监

① 1995 年第 50 号国家公报修正了节名。

禁，并处1000列弗至3000列弗的罚金。

2.（1997年第62号国家公报修正）未获得法律所要求的著作权人的同意，以技术手段或者其他方法，录制、复制、发行、广播、传送他人的录音、录像、广播节目、电视节目、软件、计算机程序的，处与前款规定相同的刑罚。

3.（1997年第62号国家公报修正）再次实施第1款规定的行为，或者造成严重的损害后果的，处1年至5年的监禁，并处3000列弗至5000列弗的罚金。

4. 对未成年人案件的行为人，根据《著作权及相关权利法》的规定，以行政程序给予处罚。

5. 归犯罪人所有的犯罪对象应当收归国有。

第173条

1.（1993年第10号国家公报修正；2002年第92号国家公报修正）将他人的科学、文学、艺术作品的全部或者其中的重要部分，以自己的名字或者笔名署名发表或者进行使用的，处不超过2年的监禁或者100列弗至300列弗的罚金，并处公开训诫。

2.（1999年第81号国家公报修正）将他人的发明、实用新型、工业设计提出登记申请或者将以自己的名义进行登记的，处与前款相同的刑罚。

第174条（1993年第10号国家公报修正；1999年第81号国家公报修正；2002年第92号国家公报修正）没有参与创作发明、实用新型、工业设计或者科学、文学、艺术作品的创造性工作，以滥用权力的手段加入其中成为共同创作人的，处不超过2年的监禁或者100列弗至300列弗的罚金，并处公开训诫。

第八节　侵犯会议、集会与示威自由罪

第 174 条 a

1. 以暴力、欺诈、威胁或其他非法方法干扰、阻碍根据《会议、集会与示威法》所许可的会议、集会与示威的，处不超过 2 年的监禁。

2. 违反《会议、集会与示威法》第 12 条第 3 款和第 13 条第 1 款的规定，举行或者继续举行会议、集会或示威的，对其组织者处不超过 1 年的监禁。

特别条款

第 175 条（1982 年第 28 号国家公报修正；1997 年第 62 号国家公报修正；2002 年第 92 号国家公报修正）

1. 第 170 条第 1 款、第 4 款、第 171 条第 1 款、第 172 条第 2 款和第 173 条规定的犯罪，应当根据被害人的控告提起刑事追诉。

2. 对于第 167 条、第 169 条 a、第 169 条 c、第 172 条第 1 款和第 174 条规定的犯罪，应当根据被害人的控告提起刑事追诉，但不能再根据其请求予以终止。

第四章　侵害婚姻、家庭与未成年人罪

第一节　侵犯婚姻、家庭罪

第 176 条

1. 在登记结婚时故意向登记官员隐瞒其不能结婚的法律障碍

的，处不超过 2 年的监禁。

2. 登记官员明知婚姻存在法律障碍而为其办理登记的，处不超过 3 年的监禁，法院还可以对其处以第 37 条第 1 款第 6 项规定的剥夺权利。

3. （2000 年第 51 号国家公报废止）

第 177 条

1. 以暴力方式强迫他人结婚或者离婚的，处不超过 3 年的监禁。

2. 以强迫与其结婚为目的绑架女性的，处不超过 3 年的监禁，如果被害人是未成年人的，处不超过 5 年的监禁。

第 178 条

1. （1982 年第 28 号国家公报修正；1993 年第 10 号国家公报修正；2002 年第 92 号国家公报修正）父母或者其他亲属以允许其女儿或者其他亲属结婚为条件而收受钱财的，处不超过 1 年的监禁或者 100 列弗至 300 列弗的罚金，并处公开训诫。

2. 对给付前述钱财的人与在给付前述钱财的人和收受钱财的人之间起居间作用的人，处与前款相同的刑罚。

第 179 条

1. 处于婚姻关系中的人又与他人结婚的，处不超过 3 年的监禁。

2. 明知他人已经结婚而与其结婚的，处与前款相同的刑罚。

3. 如果前一宗婚姻因为其他的原因被宣布无效或者被终止的，处不超过 1 年的监禁或者缓刑。

第 180 条（1982 年第 28 号国家公报修正；1991 年第 1 号国家公报废止）

第 181 条

不履行其对无法照顾自身的配偶、尊亲属、卑亲属的义务，从而使这些人员处于危险的困境，如果没有构成更为严重的犯罪的，处缓刑，并处公开训诫。

第 182 条

1. 父母或者监护人不进行监管或者足够的照看，离开需要父母照顾或者监护的人，从而对其生理、心理或者道德发育产生不良影响的，处不超过 1 年的监禁，并处公开训诫。

2.（1982 年第 28 号国家公报新增；1993 年第 10 号国家公报修正；2002 年第 92 号国家公报修正）对法院作出的行使亲权或者与子女有关的人身关系的裁判，父母或者其他亲属不履行或者以任何其他方法妨碍其履行的，处矫正监禁或者 100 列弗至 300 列弗的罚金；情节特别严重的，处不超过 6 个月的监禁或者 100 列弗至 300 列弗的罚金。

3.（1982 年第 28 号国家公报新增）如果在有关的权力机关发出警告之后，行为人履行了裁判或者消除了履行裁判的障碍的，不予以处罚。但这一规定只能适用一次，不能反复适用。

第 182 条 a（2004 年第 26 号国家公报新增）

1. 以获得物质利益为目的，采取赠与财物、利益许诺、威胁、不端行为等手段，教唆他人抛弃子女或者同意将子女送养他人的，处不超过 1 年的监禁和不超过 2000 列弗的罚金。

2. 在法律要求被收养人本人同意的情况下，教唆未成年人同意其被收养的，处与前款相同的刑罚。

3. 以获得非法的物质利益为目的，在想要收养孩子的人和家庭与想要抛弃孩子的父母，或者以出于将子女送养他人为目的而愿意怀孕的妇女之间居间介绍的，处不超过 2 年的监禁，并处不超过 300 列弗的罚金。

4. 如果第 3 款规定的行为是再次实施的，处不超过 3 年的监禁，并处不超过 4000 列弗的罚金。

第 183 条

1. （1975 年第 95 号国家公报修正；1982 年第 28 号国家公报修正；2002 年第 92 号国家公报修正；2004 年第 103 号国家公报修正）被裁判确定应当扶养其配偶、尊亲属、卑亲属、兄弟姐妹的人，故意不履行这一义务而不支付扶养费达到两个月或者更长时间的，处缓刑。

2. 以转移财产、不行使权利或者其他方法，故意使其本人陷入不能提供扶养的境地的，处以与前款相同的刑罚。

3. （1982 年第 28 号国家公报新增）如果行为人在一审判决作出之前履行了其义务，并且也没有对被害人造成危害后果的，则对其不再处罚。但这一规定不应反复适用。

4. （2002 年第 92 号国家公报修正）如果第 1 款和第 2 款规定的行为是再次实施的，处不超过 2 年的监禁或者缓刑，并处公开训诫。

第 184 条

1. 故意替换、隐藏婴儿或者使其暴露在不必要的危险之下，或者以其他方法隐瞒、替换他人的公民身份的，处不超过 2 年的监禁。

2. （1982 年第 28 号国家公报修正；1993 年第 10 号国家公报修正；2002 年第 92 号国家公报修正）如果是出于贪利目的实施前款行为的，处不超过 3 年的监禁，并处 100 列弗至 300 列弗的罚金。

第 185 条

1. 无正当理由雇用不满 14 周岁的未成年人，不立即报告当局或者不将其送还给其父母或监护人的，处不超过 1 年的监禁。

2. （1982 年第 28 号国家公报修正；1993 年第 10 号国家公报修正；2002 年第 92 号国家公报修正）以将未成年人用于贪利或

者放荡活动为目的，而使用暴力、威胁、欺骗方式实施前款规定的行为的，处不超过3年的监禁，并处100列弗至300列弗的罚金。

第186条（1982年第28号国家公报修正；1993年第10号国家公报修正；2002年第92号国家公报修正）

雇用不满7周岁的受到不良行为影响或者误入歧途的未成年人，不立即通知有权机关、其父母或者监护人的，处缓刑或者100列弗至300列弗的罚金。

第二节　侵害未成年人罪

第187条

对归其照看的未成年人或者受委派由其抚养的未成年人实施拷打的，如果没有构成处罚更重的其他犯罪的，处不超过1年的监禁或者缓刑，并处公开训诫。

第188条

1. 强迫未成年人实施犯罪或者卖淫的，处不超过5年的监禁，并处公开训诫。

2. 对被害人的生理、心理或者道德发育造成危害后果的，如果没有构成处罚更重的其他犯罪的，处1年至6年的监禁，并处公开训诫。

第189条

1. （1993年第10号国家公报修正；2002年第92号国家公报修正）出于贪利目的而有计划地使用由其照看的未成年人的，处不超过1年的监禁或者100列弗至300列弗的罚金。

2. 如果行为人是受害人的父母或者监护人的，处不超过2年的监禁或者缓刑，并处公开训诫。

第190条

滥用父母权力，强迫其不满16周岁的子女与他人过婚姻生活的，处不超过3年的监禁或者缓刑，并处公开训诫。

第191条（1982年第28号国家公报修正与补充）

1. 尚未结婚的成年人与未满16周岁的未成年女性开始婚姻生活的，处不超过2年的监禁或者缓刑，并处公开训诫。

2. 教唆、帮助不满16周岁的未成年男性或者女性开始未婚婚姻生活的，处不超过2年的监禁或者缓刑。

3. （1986年第89号国家公报修正）如果前述两款的行为是针对不满14周岁的未成年人实施的，处2年至5年的监禁。

4. 在第1款规定情况下，如果作为当事人的男女双方在判决执行完毕之前结婚的，则对行为人不追究刑事责任或者不执行所判处的刑罚。

第192条

1. （以前第192条的内容——1982年第28号国家公报修正；1993年第10号国家公报修正；2002年第92号国家公报修正）父母或者其他亲属接受他人的钱财，以之作为允许其女儿或者不满16周岁的亲属与他人开始婚姻生活的条件的，处不超过2年的监禁或者100列弗至300列弗的罚金，并处公开训诫。

2. （1982年第28号国家公报新增）对给付前述钱财的人与在给付前述钱财的人和收受钱财的人之间起居间作用的人，处与前款相同的刑罚。

第192条a（2004年第26号国家公报新增）

1. 未经正当的许可，雇用未满18周岁的人的，处不超过6个月的监禁，并处500列弗至1000列弗的罚金。

2. 针对不满16周岁的人实施第1款规定的行为的，处不超过1年的监禁，并处1000列弗至3000列弗的罚金。

3. 如果再次实施第 1 款规定的行为的，处不超过 1 年的监禁，并处 1000 列弗至 3000 列弗的罚金；如果再次实施第 2 款规定的行为的，处不超过 3 年的监禁，并处 2000 列弗至 5000 列弗的罚金。

第 193 条（1982 年第 28 号国家公报修正；1986 年第 89 号国家公报修正；1993 年第 10 号国家公报修正）

1.（2002 年第 92 号国家公报修正）以含有酒精成分的饮料让不满 18 周岁的人或者无责任能力的智力低下者陷入醉态的，处不超过 6 个月的监禁或者不超过 500 列弗的罚金。

2.（2002 年第 92 号国家公报修正）向不满 18 周岁的人或者无责任能力的智力低下者销售供其个人饮用的酒精饮料的，处不超过 500 列弗的罚金，并处缓刑；如果是有计划地销售的，处不超过 1 年的监禁，并处不超过 2000 列弗的罚金。

第 193 条 a（1997 年第 62 号国家公报新增；2002 年第 92 号国家公报修正；2004 年第 26 号国家公报补充）

第 182 条第 2 款和第 183 条规定的犯罪的刑事追诉程序，应当根据被害人的告诉而启动，但在提起告诉后不能撤回。

第五章　侵犯财产罪①

第一节　盗　窃　罪

第 194 条

1.（1993 年第 10 号国家公报修正）以非法所有为目的，未经同意非法占有他人所占有的动产的，构成盗窃罪，处不超过 8

① 1993 年第 10 号国家公报修正了章名。

年的监禁。

2. 即使行为人对其所非法获取的动产享有部分的所有权，也不影响被认定为盗窃罪。

3. （1982 年第 28 号国家公报修正；1993 年第 10 号国家公报修正；2002 年第 92 号国家公报修正）情节轻微的，处不超过 1 年的监禁或者缓刑或者 100 列弗至 300 列弗的罚金。

第 195 条

1. （1982 年第 28 号国家公报补充；1993 年第 10 号国家公报修正）盗窃罪具有下列情形之一的，处 1 年至 10 年的监禁：

（1）在发生火灾、水灾、沉船、地震、战争或者其他社会不幸时盗窃的；

（2）被盗窃的动产永远失控的；

（3）对牢固地安装于动产上的用以保护人身或者财产安全的屏障采取毁灭方式予以破坏、削弱的手段实施盗窃的；

（4）使用交通工具、技术设备或者用于盗窃的专门工具进行盗窃的；

（5）二人或者二人以上的事先有通谋的人实施盗窃，且不属于情节轻微的；

（6）公务员利用其公务员身份实施盗窃的；

（7）第二次实施盗窃，且不属于情节轻微的；

（8）以盗墓的方式盗窃的；

（9）（1997 年第 62 号国家公报新增）第 142 条第 2 款第 6 项和第 8 项规定的人员实施盗窃的；

（10）（2004 年第 26 号国家公报新增）盗窃枪支、弹药、爆炸物的。

2. （1982 年第 28 号国家公报修正；1993 年第 10 号国家公报修正；2004 年第 103 号国家公报修正）对数额巨大的盗窃，处 3

年至15年的监禁，法院也能处以不超过犯罪人财产1/2数额的没收财产。

3.（2004年第26号国家公报新增；2006年第102号国家公报修正）从内务部各单位、国防部、国防部的下属单位、保加利亚军队、灾害与紧急情况部、国家储备与战时储备局盗窃枪支、弹药、爆炸物的。

4.（1982年第28号国家公报修正；1993年第10号国家公报修正；2002年第92号国家公报修正；以前的第3款——2004年第26号国家公报修正）实施第1款第2项与第6项规定的行为，情节轻微的，处不超过1年的监禁或者缓刑或者100列弗至300列弗的罚金。

5.（以前的第4款——2004年第26号国家公报修正）第1款第3项和第4项行为的犯罪预备，处不超过3年的监禁或者缓刑。

第196条

1.（1993年第10号国家公报修正）构成危险的累犯的盗窃的，其处罚为：

（1）实施第194条第1款规定的行为的，处2年至10年的监禁；

（2）（2004年第26号国家公报补充）实施第195条第1款和第2款规定的行为的，处5年至15年的监禁；

2.（2002年第92号国家公报修正；2004年第103号国家公报修正）法院也可以判处犯罪人没收数额不超过其财产1/2数额的财产。

第196条a（1986年第89号国家公报新增；1993年第10号国家公报修正）

数额巨大的盗窃，构成特别危险的累犯的，处10年至30年的监禁和没收部分或者全部财产。

第 197 条

被告人在一审法庭调查结束之前归还被盗窃的动产或者予以赔偿的，其刑罚为：

1. 实施第 194 条第 1 款规定的行为的，处不超过 5 年的监禁；

2. （1982 年第 28 号国家公报修正；1993 年第 10 号国家公报修正；2002 年第 92 号国家公报修正；2004 年第 26 号国家公报修正）实施第 194 条第 3 款和第 195 条第 4 款规定的行为的，处缓刑或者 100 列弗至 300 列弗的罚金；

3. （1986 年第 89 号国家公报修正）实施第 195 条第 1 款第 2 项与第 6 项规定的行为的，处不超过 8 年的监禁；

4. （1986 年第 89 号国家公报修正）实施与第 194 条或者第 195 条第 1 款第 2 项至第 6 项相关的第 195 条第 2 款规定的行为的，处不超过 8 年的监禁；

5. （1986 年第 89 号国家公报新增）实施第 196 条 a 规定的行为的，处 8 年至 20 年的监禁。

第 197 条 a（1986 年第 89 号国家公报新增；1993 年第 10 号国家公报废止）

第二节　抢　劫　罪

第 198 条

1. （1993 年第 10 号国家公报修正）以非法所有为目的，使用暴力、威胁方法非法占有他人所占有的动产的，构成抢劫罪，处 3 年至 10 年的监禁。

2. 威胁，是指以直接对之实施使其生命、健康、名誉、财产面临严重危险的行为为内容，对被威胁人或者其他在场的人进行恐吓的。

3. 行为人实施盗窃，在犯罪现场当场被发现，使用暴力、威胁手段保护所盗动产的，以抢劫罪论处。

4. 行为人为了非法占有不动产，而使他人陷入无意识或者无助状态的，以抢劫罪论处。

第199条

1.（1982年第28号国家公报修正；1993年第10号国家公报修正）抢劫财产：

（1）数额巨大的；

（2）由二人或者二人以上的事先通谋实施盗窃或者抢劫的人实施的；

（3）伴随有重伤或者中伤的；

（4）构成危险的累犯的，

处5年至15年的监禁，同时法院也可以判处不超过犯罪人财产1/2数额的没收财产，对第4项情形，还可以判处不超过5年的缓刑。

（5）（2002年第92号国家公报新增；2004年第103号国家公报修正）由执行有组织犯罪集团的决定或命令的人实施的，处5年至15年的监禁，法院还可以判处不超过犯罪人财产1/2数额的没收财产。

2.（1986年第89号国家公报修正与补充；1993年第10号国家公报修正；1995年第50号国家公报补充）抢劫动产：

（1）伴随有重伤或中伤行为且因此导致死亡结果的；

（2）伴随有谋杀或者未遂谋杀行为的；

（3）行为人持有武器且抢劫财产数额特别巨大的，

（1998年第153号国家公报修正）处15年至20年的监禁、

终身监禁或者不可变更的终身监禁。法院也可以判处没收全部或者部分财产。

第200条

第198条规定的抢劫罪之犯罪预备，处不超过2年的监禁；第199条规定的抢劫罪之犯罪预备，处不超过3年的监禁。

第三节　侵　占　罪

第201条（1982年第28号国家公报补充；1993年第10号国家公报修正；1995年第50号国家公报补充；1995年第97号国家公报修正）

公务员侵占交付或者委托其管理、经营的他人的金钱、财产或者贵重物品的，构成公务侵占罪，处不超过8年的监禁，同时法院可以判处不超过其财产1/2数额的没收财产和剥夺第37条第1款第6项、第7项规定的权利。

第202条

1. 具有下列情形之一的公务侵占罪，处1年至10年的监禁：

（1）为了更容易实施公务侵占罪同时实施了其他犯罪，该罪的处罚不重于本罪的；

（2）（1982年第28号国家公报修正）由二人或者二人以上的事先有通谋的人实施的。

2. 具有下列情形之一的公务侵占罪，处3年至15年的监禁：

（1）（2002年第92号国家公报修正）数额巨大的；

（2）（2002年第92号国家公报修正）构成危险的累犯的；

（3）（2002年第92号国家公报新增）被侵占的财产是属于欧盟的资金或者欧盟拨付给保加利亚的资金的。

3. （1982年第28号国家公报补充；2002年第92号国家公报

修正；2004 年第 103 号国家公报修正）对前述各款规定的行为，法院应当判处剥夺第 37 条第 1 款第 6 项和第 7 项规定的权利。法院还可以对第 1 款规定行为判处不超过其财产 1/2 数额的没收财产，对第 2 款规定的行为判处没收部分或者全部财产。

第 203 条

1.（1986 年第 89 号国家公报修正）公务侵占数额特别巨大，且构成特别危险的累犯的，处 10 年至 30 年的监禁。

2.（2002 年第 92 号国家公报修正）法院应当判处没收部分财产或者全部财产，且应当剥夺第 37 条第 1 款第 6 项和第 7 项规定的权利。

第 204 条

实施公务侵占罪，情节轻微的，其处罚为：

（a）（1982 年第 28 号国家公报修正；1993 年第 10 号国家公报修正；2002 年第 92 号国家公报修正）对第 201 条规定的行为，处不超过 1 年的监禁或者缓刑或者 100 列弗至 300 列弗的罚金。

（b）对第 202 条第 1 款规定的行为，处不超过 2 年的监禁或者缓刑。

第 205 条

1. 如果在一审法院的法庭调查结束之前返还或者偿还被其侵占的金钱、财产或者贵重物品的，其处罚为：

（1）（1982 年第 28 号国家公报修正）实施第 201 条规定的行为的，处不超过 5 年的监禁；

（2）（1982 年第 28 号国家公报修正）实施第 202 条第 1 款规定的行为的，处 1 年至 7 年的监禁；

（3）实施第 202 条第 2 款规定的行为的，处 3 年至 10 年的监禁；

（4）（1982 年第 28 号国家公报修正；1986 年第 89 号国家公

报修正）实施第 203 条规定的行为的，处 8 年至 20 年的监禁；

（5）（1982 年第 28 号国家公报修正；1993 年第 10 号国家公报修正；2002 年第 92 号国家公报修正）实施第 204 条 a 款规定的行为的，处缓刑或者 100 列弗至 300 列弗的罚金；

（6）实施第 204 条 b 款规定的行为的，处不超过 6 个月的监禁或者缓刑。

2. （1982 年第 28 号国家公报补充）对前款第 2、3、4 项规定行为，法院还应当判处剥夺第 37 条第 1 款第 6 项和第 7 项规定的权利，对前款第 4 项规定的行为，还应当判处没收部分或者全部财产。

第 206 条

1. （1982 年第 28 号国家公报修正；1993 年第 10 号国家公报修正）将归其占有、管理的他人动产据为己有的，构成侵占罪，处不超过 6 年的监禁。

2. （2002 年第 92 号国家公报补充）该财产部分属于行为人的，或者行为人损害抵押权人的权利对虽然归其所有但被用于抵押债务的财产进行处置的，或者行为人在此之上设定另外一个抵押从而使其债权人难以受偿的，都可以构成侵占罪。

3. （1982 年第 28 号国家公报新增）侵占数额巨大或者构成危险的累犯的，处 3 年至 10 年的监禁，法院还可以判处剥夺第 37 条第 1 款第 6 项和第 7 项规定的权利和没收部分或者全部财产。

4. （1982 年第 28 号国家公报新增）侵占数额特别巨大，且构成特别危险的累犯的，处 5 年至 15 年的监禁，同时法院还应当判处剥夺第 37 条第 1 款第 6 项和第 7 项规定的权利和没收部分或者全部财产。

5. （以前的第 3 款——1982 年第 28 号国家公报修正；1993

年第 10 号国家公报修正；2002 年第 92 号国家公报修正）情节轻微的，处不超过 1 年的监禁或者缓刑或者 100 列弗至 300 列弗的罚金。

6.（以前的第 4 款——1982 年第 28 号国家公报修正）在法院一审的法庭调查结束之前返还或者偿还被侵占的财产的，其处罚为：

（1）实施第 1 款规定的行为的，处不超过 3 年的监禁；

（2）实施第 2 款规定的行为的，处 2 年至 8 年的监禁；

（3）实施第 3 款规定的行为的，处 3 年至 12 年的监禁；

（4）（1993 年第 10 号国家公报修正；2002 年第 92 号国家公报修正）实施第 5 款规定的行为的，处缓刑或者 100 列弗至 300 列弗的罚金。

7.（1982 年第 28 号国家公报新增）对前款第 2 项规定的行为，法院可以判处不超过其财产 1/2 份额的没收财产和剥夺第 37 条第 1 款第 6 项和第 7 项规定的权利；对第 3 项规定的行为，还可以判处没收部分或者全部财产和剥夺第 37 条第 1 款第 6 项和第 7 项规定的权利。

第 207 条（1982 年第 28 号国家公报修正；1982 年第 31 号国家公报校正；1993 年第 10 号国家公报修正）

1.（2002 年第 92 号国家公报修正）发现他人的动产但未在一周之内通知物主、有权机关或者丢失人的，处 100 列弗至 300 列弗的罚金。

2. 侵占其偶然发现或者因为误认而获得的他人财产的，处与前款相同的刑罚。

第 208 条（2002 年第 92 号国家公报修正）

1.（1982 年第 28 号国家公报修正；1993 年第 10 号国家公报修正；2002 年第 92 号国家公报修正；2004 年第 26 号国家公报修

正）行为人发现宝藏而不在两周之内报告有权机关的，处500列弗至1000列弗的罚金。

2.（1993年第10号国家公报新增；2002年第92号国家公报修正；2004年第26号国家公报修正）行为人在寻找宝藏的过程中，发现宝藏而不在两周之内向有权机关报告的，处不超过2年的监禁或者1000列弗至5000列弗的罚金。

3.（以前的第2款——1993年第10号国家公报修正；2002年第92号国家公报修正；2004年第26号国家公报修正）宝藏数额特别巨大的，其处罚为：

（1）实施第1款规定的行为的，处不超过2年的监禁或者5000列弗至10000列弗的罚金；

（2）实施第2款规定行为的，处不超过5年的监禁或者5000列弗至10000列弗的罚金。

4.（2004年第26号国家公报新增）犯罪对象应当收归国有，如果已经不知所踪或者已经转让他人的，应当判决其缴纳相同数量的金钱。

第四节　诈　骗　罪

第209条

1.（1982年第28号国家公报修正；1993年第10号国家公报修正）以为自己或者他人获得财产利益为目的，使他人陷入错误认识或者使其保持这一状态，从而导致其或者另外的人的财产损失的，构成诈骗罪，处不超过6年的监禁。

2.（1993年第10号国家公报修正）以相同的目的，利用他人的差错、缺乏经验、缺乏了解，导致其或者另外的人的财产损失的，处不超过3年的监禁。

3. 实施前述各款行为，情节轻微的，处不超过 1 年的监禁或者缓刑。

第 210 条

1. 有下列情形之一的诈骗罪，处 1 年至 8 年的监禁：

（1）假称公务员或者有权机关的信使的；

（2）（1982 年第 28 号国家公报修正）由二人或者二人以上的事先有通谋的人实施的；

（3）（2004 年第 26 号国家公报修正）由公务员实施的，或者由超过其权限或授权范围的代理人实施的，或者由以直接从事用外汇作为支付手段的交易为职业的人实施的；

（4）再次实施犯罪且不属于情节轻微的；

（5）（1982 年第 28 号国家公报新增）损失巨大的。

2.（1982 年第 28 号国家公报新增）对第 1 款第 4 项和第 5 项规定的行为，法院还可以判处不超过犯罪人财产 1/2 份额的没收财产。

第 211 条（1982 年第 28 号国家公报补充；1993 年第 10 号国家公报修正；2004 年第 103 号国家公报修正）

如果第 209 条第 1 款、第 2 款和第 210 条规定的诈骗行为数额特别巨大，而且具有特别严重的情节或者构成危险的累犯的，处 3 年至 10 年的监禁。法院也可以判处不超过犯罪人财产 1/2 份额的没收财产。

第 212 条（1975 年第 95 号国家公报补充；1982 年第 28 号国家公报修正）

1.（1993 年第 10 号国家公报修正）以非法占有为目的，使用内容虚假或不真实的文书或者伪造的文书，无合法理由获取他人财产的，构成文书诈骗罪，处不超过 8 年的监禁。

2. 提供内容虚假或不真实的文书或者伪造的文书，蓄意地使他人能够无合法理由获取前述财产的，处与前款相同的刑罚。

3. （2002 年第 92 号国家公报新增）被骗取的财产是属于欧盟的资金或者欧盟拨付给保加利亚的资金的，处 3 年至 10 年的监禁。

4. （以前的第 3 款——2002 年第 92 号国家公报修正）如果前述各款规定的财产数额巨大或者其规定的行为构成危险的累犯的，处 3 年至 15 年的监禁。

5. （以前的第 4 款——2002 年第 92 号国家公报修正）文书诈骗数额特别巨大，且构成特别危险的累犯的，处 10 年至 20 年的监禁。

6. （以前的第 5 款——2002 年第 92 号国家公报修正）第 1 款和第 2 款规定的情形，如果情节轻微的，处不超过 2 年的监禁或者缓刑。

7. （以前的第 6 款——2002 年第 92 号国家公报修正）对第 1 款规定的情况，法院还可以判处不超过其财产 1/2 份额的没收财产和剥夺第 37 条第 1 款第 6 项与第 7 项规定的权利；对第 3 款和第 4 款规定的情况，法院应当判处没收部分或者全部财产和剥夺第 37 条第 1 款第 6 项与第 7 项规定的权利。

第 212 条 a（2002 年第 92 号国家公报新增）

1. 以为自己或者他人获得财产利益为目的，以进入、改变、删减、清除计算机信息数据或者使用他人的电子签名的方式，欺骗他人造成其损失的，构成计算机诈骗罪，处 1 年至 6 年的监禁，并处不超过 6000 列弗的罚金。

2. 为了获取其不应得到的东西，无权利地进入、改变、删减、清除计算机信息数据的，处与前款相同的刑罚。

第 212 条 b（1982 年第 28 号国家公报新增；以前的第 212 条 a 的内容——2002 年第 92 号国家公报修正）

1. 实施第 212 条规定的行为的人，在法院一审的法庭调查结束之前返还或者偿还被侵占的财产的，其处罚为：

（1）实施第1款和第2款规定的行为的，处不超过5年的监禁；

（2）实施第3款规定的行为的，处2年至8年的监禁；

（3）实施第4款规定的行为的，处5年至15年的监禁；

（4）（1993年第10号国家公报修正；2002年第92号国家公报修正）实施第5款规定的行为的，处缓刑或者100列弗至300列弗的罚金。

2. 对前款第2项规定的情形，法院还可以处以不超过其财产份额1/2的没收财产和剥夺第37条第1款第6项和第7项规定权利；对第3款规定的情形，还可以判处没收部分或者全部财产和剥夺第37条第1款第6项和第7项规定的权利。

第213条（1982年第28号国家公报修正；1993年第10号国家公报修正；2002年第92号国家公报修正）

出于诈骗的目的，而损毁、破坏、毁灭其已经设定保险的财产的，构成保险诈骗罪，处不超过3年的监禁，并处100列弗至300列弗的罚金。

第五节　敲诈勒索罪

第213条a（1997年第62号国家公报新增）

1. 以强迫他人处置财产或权利，或者承担财产义务为目的，以实施暴力、公布诽谤性事实、毁坏财物或者其他非法行为相威胁，对被害人本人或者其亲属造成严重后果的，处1年至6年的监禁，并处1000列弗至3000列弗的罚金。

2. 如果行为具有下列情形之一的，处2年至8年的监禁，并处3000列弗至5000列弗的罚金：

（1）伴随有杀害或者重伤威胁的；

（2）伴随有轻伤后果的；

（3）伴随有夺取、毁灭、损坏财产行为的；

（4）由二人或者二人以上的人实施的；

（5）由第142条第2款第6项和第8项规定的人实施的；

（6）由持有武器的人实施的；

（7）构成再犯且不属于情节轻微的。

3. 如果行为具有下列情形之一的，处5年至15年的监禁，并处5000列弗至10000列弗的罚金，法院还可以同时判处不超过其财产1/2份额的没收财产：

（1）导致中伤或者轻伤的，但如果构成处罚更重的其他犯罪的不在此列；

（2）导致重大的财产损失的；

（3）由组织、集团实施，或者由执行组织、集团命令的人实施的；

（4）伴随有爆炸或者纵火行为的；

（5）由公务员实施或者有公务员参与实施的；

（6）针对与其职位有关的公务员实施的；

（7）构成危险的累犯的。

4.（1998年第153号国家公报修正）如果行为具有下列情形之一的，处15年至20年的监禁、终身监禁或者不可变更的终身监禁，同时法院还可以判处没收部分或者全部财产：

（1）伴随有因为重伤或者中伤而致人死亡后果的；

（2）伴随有谋杀或者未遂谋杀的。

第214条（1993年第10号国家公报修正；1995年第50号国家公报修正与补充）

1.（1997年第62号国家公报修正）以为自己或者他人获得

财产利益为目的，以暴力、威胁方法强迫他人违背意志地作为、不作为或者容认某种事情，导致其或者另外的人的财产损失的，以敲诈勒索罪论处，处1年至6年的监禁，并处1000列弗至3000列弗的罚金，同时法院还可以判处不超过其财产份额1/2的没收财产。

2.（1997年第62号国家公报修正）实施第213条a第2款、第3款、第4款规定的敲诈勒索行为的，其处罚为：

（1）实施第2款规定的行为的，处2年至10年的监禁，并处4000列弗至6000列弗的罚金，同时法院还可以判处不超过其财产份额1/2的没收财产；

（2）实施第3款规定的行为的，处5年至15年的监禁，并处5000列弗至10000列弗的罚金和不超过犯罪人财产份额1/2的没收财产；

（3）（1998年第153号国家公报修正）实施第4款规定的行为的，处15年至20年的监禁、终身监禁或者不可变更的终身监禁，并处不超过犯罪人财产1/2份额的没收财产。

3. 如果实施敲诈勒索具有下列情形之一的，处5年至15年的监禁和不超过500列弗的罚金，同时法院还可以判处不超过犯罪人财产1/2份额的没收财产：

（1）伴随有重伤或者中伤后果的；

（2）其行为构成危险的累犯的。

第214条a（1997年第62号国家公报新增）

第213条a和第214条规定的罪行的犯罪预备，处1年至3年的监禁。

第六节　推定盗窃罪

第215条

1.（1982年第28号国家公报补充；1993年第10号国家公报修正；1997年第62号国家公报修正）以为自己或者他人获得财产利益为目的，明知或者应知属于他人通过犯罪或者其他具有社会危险性的行为获取的财产，而收受、取得或者为之提供帮助的，处不超过5年的监禁，但所处的刑罚不得重于所涉的具体犯罪的法定刑。

2.（1975年第95号国家公报修正；1982年第28号国家公报修正；1993年第10号国家公报修正；1997年第62号国家公报修正）如果推定盗窃罪具有下列情形之一的，处3年至10年的监禁，并处1000列弗至3000列弗的罚金：

（1）数额巨大的；

（2）针对由政府用于特殊用途的财产实施的；

（3）以实施该犯罪为职业的；

（4）构成再犯或者特别危险的累犯的。

第七节　损　毁　罪

第216条

1.（1993年第10号国家公报修正）非法损坏、毁灭他人动产或者不动产的，处不超过5年的监禁。

2.（2002年第92号国家公报新增）毁灭、消耗、损坏抵押或者质押财产的，处不超过5年的监禁，并处不超过2000列弗的罚金。

3. （2002 年第 92 号国家公报新增）未经授权进入企业、法人组织或者个人的重要计算机系统，毁灭或者损坏他人财产的，处 1 年至 6 年的监禁，并处不超过 10000 列弗的罚金。

4. （1982 年第 28 号国家公报修正；1993 年第 10 号国家公报修正；以前的第 2 款——2002 年第 92 号国家公报修正）情节轻微的，处不超过 6 个月的监禁或者 100 列弗至 300 列弗的罚金。

5. （1997 年第 62 号国家公报补充；以前的第 3 款——2002 年第 92 号国家公报修正；2004 年第 26 号国家公报修正与补充）如果造成重大损失或者其他严重后果，或者行为是由第 142 条第 2 款第 6 项和第 8 项规定的人实施的，或者对电子系统网络进行损毁的，处不超过 10 年的监禁，同时法院还可以判处剥夺第 37 条第 1 款第 6 项和第 7 项规定的权利。

6. （1993 年第 10 号国家公报修正；以前的第 4 款——2002 年第 92 号国家公报修正）过失实施第 1 款、第 2 款和第 5 款规定的行为的，处不超过 2 年的监禁或者 100 列弗至 300 列弗的罚金。

第 216 条 a（2004 年第 26 号国家公报新增）

1. 亲自或者利用他人非法破坏配电输电线路、燃气输送管道、热能输送管道、液体燃料输送管道、供水管道或者排污管道之设备或地基的完整性，导致电力、天然气、液体燃料、热能、水的输送出现障碍或者导致污水泄漏的，处不超过 3 年的监禁，并处不超过 15000 列弗的罚金。

2. 如果实施前款行为构成再犯的，处 1 年至 10 年的监禁，并处不超过 20000 列弗的罚金。

第八节 滥用信任罪①

第217条（1993年第10号国家公报修正）

1.（2002年第92号国家公报修正）故意损毁委托其管理、经营的财产的，处不超过3年的监禁或者100列弗至300列弗的罚金。

2. 代表人、代理人故意损害被代理人合法利益的，处与前款规定相同的刑罚。

3.（2002年第92号国家公报新增）恣意处置交由其管理的被扣押或者抵押财产的，处与第1款规定相同的刑罚。

4.（以前的第3款——2002年第92号国家公报修正；2002年第92号国家公报修正）如果上述行为造成重大的或者无法弥补的损失，处不超过5年的监禁，并处100列弗至300列弗的罚金。

第218条（1993年第10号国家公报废止）

附加条款②

第218条a（1979年第89号国家公报新增；1986年第89号国家公报修正；1993年第10号国家公报废止）

第218条b（1982年第28号国家公报新增）

1.（1993年第10号国家公报新增；1997年第62号国家公报修正；2000年第21号国家公报废止；2002年第92号国家公报废止；2004年第26号国家公报废止）对于第194条第3款、第195条第4款、第204条a款、第206条第1款、第5款、第207条规

① 1993年第10号国家公报修正了节名。

② 1982年第28号国家公报对标题进行了修正。

定的行为以及与这些行为相关的推定盗窃罪，在犯罪对象的价值不超过150列弗时，如果财物已被退还或赔偿，则可以通过行政途径处以100列弗至300列弗罚款。

2. 前款的规定不适用于下列情形：

（1）（1993年第10号国家公报修正；1997年第62号国家公报修正；2000年第21号国家公报修正）行为人在一年内实施了两次或者更多次这种犯罪行为，且犯罪对象财产总价值达150列弗的；

（2）行为人曾经因为这种犯罪行为被认定有罪或者曾经因为这种犯罪行为被给予行政处罚，且从这一犯罪行为实施时起尚不足1年的；

（3）犯罪对象是枪支、弹药、爆炸物、有毒物质、毒品、作战或者其他用于特殊用途的设备的。

第218条c（1986年第89号国家公报修正；1993年第10号国家公报修正；2002年第92号国家公报修正）

对于第216条第1款、第4款、第6款、第217条第1款、第2款规定的犯罪与盗窃罪、侵占罪、诈骗罪、敲诈勒索罪，在犯罪对象是私人财产时，如果被害人是犯罪人的配偶、尊亲属、卑亲属、二等亲以内的旁系亲属，或者是一起共同生活的家庭成员，或者是犯罪人的被监护人或受信托人的，则根据被害人提出的告诉启动刑事追诉。

第六章　破坏经济罪

第一节　一般财产性犯罪

第219条

1. （1982年第28号国家公报修正；1997年第67号国家公报

修正）公务员不尽心管理、经营、保护受委托的财产或者不尽心履行被委任的工作，对企业或者整个经济造成重大损失、破坏、浪费或者其他重大后果的，处不超过3年的监禁，并处不超过5000列弗的罚金。

2.（1975年第95号国家公报修正；1982年第28号国家公报修正；1997年第62号国家公报修正）负责对受委派管理、经营、报告公共财产的人员的工作进行监管的人，不认真履行职责，导致企业或经济造成重大损失的，处不超过3年的监禁，并处不超过5000列弗的罚金。

3. 如果前述各款规定的行为是故意实施但不构成更严重的犯罪的，处不超过8年的监禁，法院还可以判处剥夺第37条第1款第6项规定的权利。

4.（1982年第28号国家公报新增）实施前述各款规定的行为，达到后果特别巨大且情节特别严重的，其处罚为：对第1款和第2款规定的行为，处1年至5年的监禁；对第3款规定的行为，处1年至10年的监禁。对这些案件，法院还应当判处剥夺第37条第1款第6项和第7项规定的权利。

第220条

1. 公务员故意进行不能带来任何利润的交易，对经济或者其所代表的机构、企业、组织造成重大损失的，处不超过5年的监禁，法院还可以判处剥夺第37条第1款第6项规定的权利。

2.（1986年第89号国家公报新增）实施前款规定的行为且情节特别严重的，处1年至10年的监禁，法院还可以判处剥夺第37条第1款第6项和第7项规定的权利。

3.（1997年第62号国家公报新增；2001年第101号国家公报废止）

第221条（1982年第28号国家公报修正；1991年第1号国

家公报废止）

第221条a（1973年第27号国家公报新增；1982年第28号国家公报修正；1982年第31号国家公报校正；1991年第86号国家公报修正；1991年第90号国家公报校正；1993年第10号国家公报修正；2002年第92号国家公报修正）

1. 对获得、使用农场、牧场这类依照规定不能转让却被用于建设和其他非农业用途的土地的行为，违反职责予以指示或同意的，处不超过3年的监禁，并处100列弗至300列弗的罚金。

2. （2002年第92号国家公报修正）在有关部门根据规定将前款规定的土地用于建设或其他非农业用途的建设活动停止后，违反职责坚持、指示、纵容其使其重新开始建设的，处不超过5年的监禁，并处100列弗至300列弗的罚金。

第221条b（1984年第44号国家公报新增；1991年第1号国家公报废止）

第222条（1991年第1号国家公报废止）

第223条

1. （1982第28号国家公报补充）以获取不应得的财产利益为目的，提供或者计划提供有关产品的数量、质量、类型的不真实资料的，如果没有构成处罚更重的其他犯罪的，处不超过3年的监禁或者缓刑。

2. （1982年第28号国家公报修正；1993年第10号国家公报修正；2002年第92号国家公报修正）收受其产品或者服务所不应得的报酬，且明知该报酬是基于其所提供的不真实的资料而得到的，如果没有构成处罚更重的其他犯罪的，处缓刑或者100列弗至300列弗的罚金。

3. 前述各款规定的犯罪人的犯罪所得，应当返还给相应的组织。

第224条

1.（1993年第10号国家公报修正；2002年第92号国家公报修正）向外国国家、外国组织、外国公司、外国公民意图提供或者已经提供对经济可能导致或者已经导致重大损失的信息，而收受礼物或者其他财产利益，如果没有构成处罚更重的其他犯罪的，处不超过5年的监禁，并处100列弗至300列弗的罚金。

2. 对接受财物或者财产利益的人，处与前款相同的刑罚。

3. 犯罪对象应当没收归国有。

第225条

1.（1982年第28号国家公报修正；1986年第89号国家公报补充；1990年第81号国家公报修正；1993年第10号国家公报修正；2002年第92号国家公报修正）以超出规定的价格销售商品或者在价格根据规定被确定、批准之前销售商品，或者超出法律所许可的数额收受服务酬金的，处不超过2年的监禁或者100列弗至300列弗的罚金。

2.（1973年第26号国家公报新增；1990年第81号国家公报补充；1993年第10号国家公报修正；2002年第92号国家公报修正）如果前款规定的行为是再次实施且不属于情节轻微的，或者违法所得数额相当大的，处6个月至3年的监禁，并处100列弗至300列弗的罚金。

3.（1973年第26号国家公报新增；1986年第89号国家公报废止；1990年第81号国家公报废止并新增）因为违反《反投机法》第3条规定的而被处罚后，在处罚决定执行完毕之后不满1年的时间内又实施同种违法行为的，处不超过3年的监禁。

4.（以前的第2款——1973年第26号国家公报修正；以前的第5款——1986年第89号国家公报修正）故意汇集不真实的

信息或者提供不真实的资料，用于商品或服务的定价活动，造成或者可能造成国有机构、国有企业、公共组织或公民的损失的，处不超过1年的监禁或者缓刑。

5.（1990年第81号国家公报废止）

6.（1975年第95号国家公报新增；1982年第28号国家公报修正；以前的第7款——1986年第89号国家公报修正；1990年第81号国家公报废止）

7.（1975年第95号国家公报废止；以前的第8款——1986年第89号国家公报修正；1990年第81号国家公报废止）

第225条a（1973年第26号国家公报新增；1986年第89号国家公报修正；1991年第1号国家公报废止）

第225条b（1982年第28号国家公报新增）

1.（1993年第10号国家公报修正；2002年第92号国家公报修正）收受其所从事的工作或者所提供的服务所不应得的财产利益，且不构成处罚更重的其他犯罪的，处不超过2年的监禁，并处100列弗至300列弗的罚金。

2. 如果再次实施前款规定的行为或者所获得的利益数额巨大的，处不超过3年的监禁。

3.（1993年第10号国家公报修正；2002年第92号国家公报修正）实施第1款规定的行为且情节轻微的，根据行政程序处100列弗至300列弗的罚款。

4. 犯罪对象应当没收归国家所有。

第225条c（2002年第92号国家公报新增）

1. 在履行法人机构、独资企业职务的过程中，以在商业活动中实施或者不实施违反其职责的行为为条件，而索取、收受不应得的礼物或利益或者接受其提供礼物、利益的期约、许诺，处不超过5年的监禁或者不超过20000列弗的罚金。

2. 在商业活动中，为了使法人机构、独资企业的工作人员实施或者不实施违反其职责的行为，而向其提供、给予礼物或者任何利益的，处不超过3年的监禁或者不超过15000列弗的罚金。

3. 在第1款规定的人同意的情况下，向其他人提供、许诺、给予礼物或者利益的，处与前述各款相同的刑罚。

4. （2004年第26号国家公报修正）在前述各款规定的行为中起居间介绍作用的人，如果没有构成处罚更重的其他犯罪的，处不超过1年的监禁或者不超过5000列弗的罚金。

5. 犯罪对象应当没收归国家所有，如果不知所踪或者已经转让他人的，应当裁定其缴纳相同数额的金钱。

第226条

1. （1982年第28号国家公报修正；1993年第10号国家公报修正）利用国有的、合作的或者其他公共组织，违反已有的规定开展个人经济活动，获取重大非法所得的，处不超过5年的监禁和不超过10列弗的罚金。

2. （1982年第28号国家公报修正；以前的第3款——1986年第89号国家公报修正；1993年第10号国家公报修正）以国有的、合作的或者其他公共组织的名义开设私人企业的，处不超过5年的监禁，并处不超过20列弗的罚金。

3. （以前的第2款——1986年第89号国家公报修正）有关的国家公务员、合作社或者其他公共组织的官员，纵容前款犯罪行为的实施的，处不超过3年的监禁或者缓刑。

4. （1973年第26号国家公报新增；1982年第28号国家公报修正；1986年第89号国家公报修正；2004第103号国家公报修正）再次实施前述各款规定的行为的，或者违法所得数额巨大的，处1年至8年的监禁。

5. （以前的第4款——1973第26号国家公报修正；1986年

第89号国家公报修正；2004年第103号国家公报修正）如果前款规定的违法所得数额特别巨大且情节特别严重的，处3年至12年的监禁。

第227条（1993年第10号国家公报修正；1995年第50号国家公报修正；1999年第81号国家公报修正；2006年第75号国家公报废止）

第227条a（1982年第28号国家公报新增；1993年第10号国家公报修正；2002年第92号国家公报修正；2006年第75号国家公报废止）

第一节A 危害债权人利益罪[①]

第227条b

1.（1998年第85号国家公报修正；2006年第75号国家公报修正）经营人在30天内无法偿付债务而破产，但却不向法院申告的，处不超过3年的监禁或者不超过5000列弗的罚金。

2. 管理、代表商业企业或合作社的人，不在宣告破产之日起15日内请求法院开始破产程序的，处与第1款规定相同的刑罚。

3. 代理人不履行《商法》第626条第3款规定义务的，处与第1款规定相同的刑罚。

4.（1997年第62号国家公报新增；2006年第59号国家公报修正）有义务按照《信用机构法》的规定将银行破产之情况报告给保加利亚国家银行的人，不履行这一通知义务的，处本条第1款规定的刑罚。

---

① 1996年第107号国家公报新增。

第 227 条 c

1. 企业负责人在起诉破产之后：

（1）隐匿、毁灭、损坏、无对价转让可能归债权人所有的现金、财物、证券或者其他有价值的物品的；

（2）转让可能归债权人所有的现金、财物、证券或者其他有价值的物品，且该物品的价值远远高于所得对价并与正常经济活动的要求不相符的；

（3）免除他人应当支付给企业的收益或者予以隐瞒的；

（4）以任何方式承认、承担、抵消不存在的债务的；

（5）明知其无力偿还而进行贷款的；

（6）使用与正常经济活动的要求不相符的方法，将其产品、现金、财物、证券或者其他有价值的物品赊欠出让的；

（7）对一个或部分债权人非法进行偿付或者提供担保而损害其他债权人利益的；

（8）毁灭、隐匿、伪造其商业簿册、文书或者违反法律以妨碍对企业的财产、债务进行估价的方式对之进行保管的，造成重大损失的，构成恶意破产罪，处不超过 3 年的监禁。

2. 实施第 1 款规定的行为且造成特别巨大的损失并属于情节特别严重的，处 3 年至 15 年的监禁。法院还应当判处剥夺第 37 条第 1 款第 6 项和第 7 项规定的权利。

第 227 条 d

管理、代表商业企业或者合作社的人，实施或者纵容实施第 227 条 c 规定的行为的，处与该条规定刑罚相同的处罚。此外，对实施该条第 1 款规定的行为的，法院还可以判处不超过 500 列弗的罚金；对实施该条第 2 款规定的行为的，还可以判处没收全部或者部分财产。

第227条e

1. 企业负责人：

（1）不履行应尽的注意义务从事交易或者参与超出其通常交易范围的具有明显风险的交易的；

（2）其个人、家庭或者其他开支明显异常且与其工作无关、与其财产状况不符的；

（3）有义务制定而不制定或者制定不正确的年度会计报告和收支平衡情况的，

企业因此被宣告破产而造成债权人损失的，构成过失导致破产罪，处不超过2年的监禁，同时法院还应当判处剥夺第37条第1款第6项和第7项规定的权利。

2. 企业在破产之前的重整方案所涉及的债务未履行的情况下宣告破产的，处与前款相同的刑罚。

3. 管理、代表商业企业或者合作社的人，实施或者纵容实施本条第1款规定的行为的，处与第1款规定相同的刑罚。

4. 如果第1款规定的行为人在一审有罪判决作出之前对债权人予以赔偿的，则不予处罚。但本规定不得重复适用。

第227条f

1. 企业负责人明知其对另一企业负有债务，且该企业已被提起了破产程序，而不在规定的期限或者通常的期限内履行其债务的，处不超过1年的监禁或者不超过200列弗的罚金。

2. 企业负责人批准、知晓隐瞒对其债权人的债务，造成债权人损失的，处不超过2年的监禁，并处不超过300列弗的罚金。

3. 明知企业提起了破产程序，赞同他人对其所有的财产或者可能属于破产财产的财产进行隐匿、毁灭的，处不超过2年的监禁，并处不超过300列弗的罚金。

第二节　危害具体门类经济罪

第228条

1.（1982第28号国家公报修正）经营者（或控制人）指示或者纵容生产不符合法定质量标准或不完整的工业产品、不符合规定的质量、类型、标志要求的产品的，处不超过3年的监禁或者缓刑。

2. 违反职责义务要求，在不符合各种规定要求的产品上使用合格标志，或者在法律强制规定必须使用合格标志的产品上不使用的，处不超过1年的监禁或者缓刑。

3.（1982年第28号国家公报修正；1986年第89号国家公报修正；1993年第10号国家公报修正；2002年第92号国家公报修正）如果前述各款规定的产品数量或者价值没有达到巨大程度的，对实施第1款规定的行为的，处100列弗至300列弗的罚金；对实施第2款规定的行为的，则通过行政程序处以100列弗至300列弗的罚款。

第229条

为了购买方或者商业组织的利益，以接收农产品提供人的产品为条件，在这些产品的质量、数量上故意欺骗提供人的，处不超过3年的监禁或者缓州，并处公开训诫。

第230条

1.（1982年第28号国家公报修正；1993年第10号国家公报修正；2002年第92号国家公报修正）违反防止家养动物传染病发生或者传播的法规的，处不超过6个月的缓刑或者100列弗至300列弗的罚金。

2. 如果导致他人被传染的后果的，处不超过1年的监禁或者缓刑。

3. 如果造成传染病广泛传播的，处不超过3年的监禁。

4. 违反动植物疾病防治法规定的人，根据前述各款的规定予以处罚。

第231条（1982年第28号国家公报修正与补充）

1.（1997年第62号国家公报修正）未事先说明产品的缺陷，而销售第228条第1款规定的不符合要求的工业产品或者农业产品，且数额巨大或者价值巨大的，处不超过2年的监禁和1000列弗至3000列弗的罚金，还应当并处剥夺第37条第1款第6项和第7项规定的权利。

2.（1993年第10号国家公报修正；2002年第92号国家公报修正）实施前款规定的行为，且情节轻微的，通过行政程序处以100列弗至300列弗的罚款。

第232条

1. 销售者在称量商品时欺骗购买者或者使用作假的度量衡的，处不超过2年的监禁或者缓刑。

2. 具有下列情形之一的，给予同样的处罚：

（a）以添加性质不同的其他物质或者其他手段降低产品品质的方法欺骗购买者的；

（b）在产品、原料或者服务的质量上欺骗顾客的。

3.（1982年第28号国家公报修正；1993年第10号国家公报修正；2002年第92号国家公报修正）如果前述各款规定的一个或者数个行为所造成的损失不超过0.01列弗的，则通过行政程序处以100列弗至300列弗的罚款。

4.（1975年第95号国家公报新增；1982年第28号国家公报修正；1993年第10号国家公报修正；2002年第92号国家公报修正）曾经因为前款规定的行为而被已经生效执行的命令给予行政

处罚，在此后不满1年的时间内再次实施前款规定的行为的，处不超过1年的监禁或者缓刑或者100列弗至300列弗的罚金。

5.（1975年第95号国家公报新增；2006年第75号国家公报修正）在根据前述各款的规定适用监禁时，法庭也可以适用剥夺第37条第1款第6项或第7项规定的权利。

第233条（1982年第28号国家公报修正与补充；1986年第89号国家公报修正；1990年第81号国家公报修正与补充；1993年第10号国家公报废止；1995年第102号国家公报新增）

1.（2002第92号国家公报修正与补充；2004年第26号国家公报修正）未获相应的许可从事武器、军民两用的产品和技术的外贸活动或者其中介贸易活动，或者违反联合国安理会、欧洲安全合作组织、欧盟或者部长会议根据保加利亚共和国作为当事方的国际协议颁布的法案之禁止、限制、制裁规定，而从事这些活动的，处不超过6年的监禁和不超过200000列弗的罚金。

2.（2002年第92号国家公报修正）实施第1款规定的行为，且情节特别严重的，处3年至8年的监禁，并处不超过5000列弗的罚金。

3.（2002年第92号国家公报修正）实施第1款规定的行为，且情节轻微的，处不超过20000列弗的罚金。

4.（2002年第92号国家公报修正；2004年第26号国家公报修正）对用于犯罪的武器或者能够再利用的产品，无论其归属于谁，都应当没收归国有。如果这些物品不知所踪或者已转让他人的，则应当裁定其缴纳根据该外贸合同所确定的相同价值的金钱。

第234条（1973年第26号国家公报修正与补充；1982年第28号国家公报修正；1986年第89号国家公报修正；1991年第1号国家公报废止；1996年第107号国家公报修正）

1.（2002 年第 92 号国家公报修正；2006 年第 7 号国家公报修正）对依法应当粘贴国内消费税完税标志的国内消费商品，不粘贴而予以销售、储存，情节较轻的，处不超过 3 年的监禁和不超过所售商品市场价格 10 倍的罚金，并处剥夺第 37 条第 1 款第 7 项规定的权利。

2.（2002 年第 92 号国家公报修正；2006 年第 7 号国家公报修正）如果具有下列情形之一的，处不超过 5 年的监禁和剥夺第 37 条第 1 款第 7 项规定的权利：

（1）属于再犯的；

（2）由事先有通谋的二人或更多的人实施的；

（3）犯罪对象数量巨大的。

3. 犯罪对象应当没收归国有。

第 234 条 a（1997 年第 62 号国家公报新增）

未获得法律所要求的许可，或者未获得部长会议命令的许可，或者违反已签发的前述许可文书，而从事对外贸易活动的，处不超过 3 年的监禁与 5000 列弗至 10000 列弗的罚金，还应处以剥夺第 37 条第 1 款第 6 项和第 7 项规定的权利。

第 234 条 b（2002 年第 92 号国家公报新增）

1. 未获法定的许可或者违反已有的许可，从事含铁或者不含铁金属废品的对外贸易活动的，处不超过 3 年的监禁，并处 1000 列弗至 20000 列弗的罚金。

2. 对第 1 款所涉的废品，应当没收归国有。如果这些废品已不知所踪或者已转让他人的，则应当裁定其缴纳相同价值的金钱。

第 234 条 c（2004 年第 26 号国家公报新增）

1. 亲自或者通过他人在输电配电网线、燃气输送管道、热能输送管道、供水管道或者排污管道、液体燃料输送管道上非法建立连接，或者以对电力、天然气、液体燃料、热能、水、所排污水进行商业计量的手段对这些管线进行干扰的，处不超过3年的监禁，并处不超过10000列弗的罚金。

2. 如果第1款规定的行为是再次实施的，处1年至8年的监禁和不超过15000列弗的罚金。

第235条（2004年第26号国家公报修正）

1. （2006年第75号国家公报修正）未获合法的书面许可，或者虽有合法的许可但在指定的地点、时间、数量、树木之外，从国有森林中砍伐、采集、获取、运输其中储备的林木（包括已被砍伐倒或自身倒下的林木）或林木的某一组成部分的，处不超过6年的监禁和1000列弗至20000列弗的罚金。

2. （2006年第75号国家公报修正）隐藏、装载、运输、卸载、储存、加工从他人处非法获取的木材的，处与第1款相同的刑罚。

3. 实施第1款和第2款规定的犯罪，具有下列情形之一的，处1年至8年的监禁，并处5000列弗至15000列弗的罚金：

（1）由二人或者二人以上的有通谋的人实施的；

（2）与利用其职务便利的林业人员一起实施的；

（3）使用不真实文书、伪造的文书或者内容不真实的文书实施的；

（4）属于再犯的；

（5）犯罪对象数量巨大的。

4. 第1款至第3款规定的犯罪是由执行有组织的犯罪集团的决定或者指令的人实施的，或者构成危险的累犯的，处3年至10年的监禁，并处10000列弗至100000列弗的罚金。

5. 如果犯罪对象数量特别巨大且属于情节特别严重的，处5年至15年的监禁，并处50000列弗至500000列弗的罚金。

6. （2006年第75号国家公报修正）对犯罪对象数量较小的

案件，处不超过 1 年的监禁或 100 列弗至 300 列弗罚金。

7.（前第 6 款——2006 年第 75 号国家公报）犯罪对象应当没收归国有，如果已经不知所踪或者转让给他人的，则应当裁定其缴纳同等价值的金钱。

第 236 条（1982 年第 28 号国家公报修正；1991 年第 86 号国家公报修正；1991 年第 86 号国家公报修正；1997 年第 85 号国家公报修正；2002 年第 92 号国家公报修正；2004 年第 103 号国家公报修正；2006 年第 75 号国家公报修正）

以任何方式毁灭或破坏林木、灌木林、矮树丛、培育林、苗圃的，处不超过 2 年的监禁或缓刑，并科处 100 列弗至 300 列弗的罚金，情节特别严重的，处不超过 5 年的监禁。

第 237 条（1982 年第 28 号国家公报修正；1986 年第 89 号国家公报修正；1991 年第 86 号国家公报修正）

1.（1997 年第 85 号国家公报修正；2002 年第 92 号国家公报修正；2006 年第 75 号国家公报修正）未获合法许可杀害、捕捉大型野生动物的，处不超过 1 年的监禁或 100 列弗至 300 列弗的罚金，还应处以剥夺第 37 条第 1 款第 7 项规定的权利。

2.（1982 年第 28 号国家公报修正；1986 年第 89 号国家公报修正；1991 年第 86 号国家公报修正；1997 年第 85 号国家公报修正；2002 年第 92 号国家公报修正；2004 年第 103 号国家公报修正；2006 年第 75 号国家公报修正）没有狩猎许可证的人，杀害、猎捕小型野生动物的，或者虽然是持有狩猎许可证的人，但在禁猎期、禁猎区或者使用禁用的工具杀害、猎捕小型野生动物的，处不超过 6 个月的缓刑或 100 列弗至 300 列弗的罚金，还应处以剥夺第 37 条第 1 款第 7 项规定的权利。

3. 被杀害或猎捕的野生动物应当没收归国有，如果不知所踪或者被转让他人的，则应当裁定其缴纳同等价值的金钱。

第238条

1.（以前第238条——1982年第28号国家公报修正；2002年第92号国家公报修正）实施下列捕鱼行为的人：

（a）（1982年第28号国家公报修正）使用爆炸物、有毒物质、致昏厥物质在捕鱼水域捕鱼的，或者超过钓鱼运动的标准相当大数量捕鱼的；

（b）在保护区或者法定的禁捕水域捕鱼的；

（c）在鱼的繁殖季节于非作业水域捕鱼的；

（d）捕捉濒临灭绝的品种的，

（2006年第75号国家公报修正）情节严重的，处不超过1年的监禁和100列弗至300列弗的罚金，还应处以剥夺第37条第1款第7项的权利。

2.（1982年第28号国家公报新增）对捕捉螯虾的行为，也适用前款的规定。

第239条

1.（1982年第28号国家公报修正；1991年第86号国家公报修正与补充；1997第85号国家公报修正；2002年第92号国家公报修正）企业、公司、机构、组织的领导人或者其他官员，违反有关保护鱼类或其他有益的水生动物、促进国家渔业正常发展的专门法律的规定，或者纵容违反这些法律规定的行为的，处不超过3年的监禁或者缓刑，并处100列弗至300列弗的罚金。

2. 往渔业生产水域中注入、投入被污染的水且其性质、特征会对鱼类或其他有益的水生动物产生危害的物质的，处与前款规定相同的刑罚。

第240条

1. 外国人在黑海乘船进入保加利亚共和国领海，且未经有关的边境管理机关的许可进行产业捕捞的，未构成其他法律规定的处罚更重的犯罪的，处不超过 3 年的监禁，且不影响根据渔业法所应当承担的责任。

2. 如果是由持有武器的外国公民组成的集团实施的，处不超过 5 年的监禁。

3. 被捕捉的鱼或其他水生动物和用于犯罪的设备，应当没收归国有。

第三节　妨害海关制度罪①

第 241 条（1995 年第 50 号国家公报废止）

第 242 条

1.（1975 年第 95 号国家公报修正；1993 年第 10 号国家公报修正；1997 年第 62 号国家公报修正与补充）未经海关同意许可携带物品通过国家边境，具有下列情形之一的：

（a）由有计划地实施这些活动的人实施的；

（b）（2004 年第 26 号国家公报修正）使用具有不真实内容的文书、他人的文书、虚假的文书或者伪造的文书实施的；

（c）由与海关有直接关系的公务员实施的；

（d）（2002 第 92 号国家公报补充；2004 年第 26 号国家公报补充）携带活性极强的或者具有毒害性的物质、爆炸物、武器弹药、核材料、核设备或其他具有电离辐射性的辐射源，或者根据法律或部长会议的法令所规定的前述物品的零配件、前体物质的；

（e）属于用于商业或者生产目的的货物、物品，但数量巨大的；

（f）由二人或者二人以上的事先有通谋的人实施的；

① 1995 年第 50 号国家公报修正了节名。

(g)(2002 年第 92 号国家公报新增）由执行有组织的犯罪集团的决定或者任务的人实施的，

(2004 年第 26 号国家公报修正）构成加重走私罪，处不超过 10 年的监禁，并处 20000 列弗至 100000 列弗的罚金。

2.（1975 年第 95 号国家公报新增；1993 年第 10 号国家公报修正；1997 年第 62 号国家公报修正；2000 年第 21 号国家公报修正）未获适当许可携带毒品或其类似物通过国家边境，如果属于高度危险毒品的，处 10 年至 15 年的监禁，并处 100000 列弗至 200000 列弗的罚金；属于其他危险毒品的，处 3 年至 15 年的监禁，并处 10000 列弗至 100000 列弗的罚金。

3.（1975 年第 95 号国家公报新增；1986 年第 89 号国家公报修正；1993 年第 10 号国家公报修正；1995 年第 50 号国家公报废止；2000 年第 21 号国家公报新增）未获适当许可，携带用于制造毒品的前体物质、设备或材料通过国边境的，处 2 年至 10 年的监禁，并处 50000 列弗至 100000 列弗的罚金。

4.（1986 年第 89 号国家公报新增；1993 年第 10 号国家公报修正；以前的第 4 款——1995 年第 50 号国家公报修正；1997 年第 62 号国家公报修正与补充；以前的第 3 款——2000 年第 21 号国家公报修正）如果前述各款规定的走私行为数量特别巨大且情节特别严重的，或者实施第 1 款 e 项行为的行为人中有一部分属于海关工作人员的，其处罚为：对实施第 1 款规定的行为的，处 5 年至 15 年的监禁，并处 50000 列弗至 200000 列弗的罚金；对实施第 2 款和第 3 款规定的行为的，处 15 年至 20 年的监禁，并处 200000 列弗至 300000 列弗的罚金。

5.（以前的第 2 款——1975 年第 95 号国家公报修正；1982 年第 28 号国家公报补充；以前的第 4 款——1986 年第 89 号国家公报修正；以前的第 5 款——1995 年第 50 号国家公报修正；以

前的第 4 款——2000 年第 21 号国家公报修正；2004 年第 103 号国家公报修正）对第 1 款 a 项、d 项、e 项和第 2 款、第 3 款、第 4 款规定的行为，法庭可以不适用所规定的罚金，而是判处没收犯罪人部分或者全部财产。

6.（以前的第 3 款——1975 年第 95 号国家公报修正；1982 年第 28 号国家公报补充；以前的第 5 款——1986 年第 89 号国家公报校正；1993 年第 10 号国家公报修正；以前的第 6 款——1995 年第 50 号国家公报修正；1997 年第 62 号国家公报修正；以前的第 5 款——2000 年第 21 号国家公报）实施第 1 款、第 2 款、第 3 款规定的行为，且情节轻微的，通过行政程序处以不超过 1000 列弗的罚金。

7.（以前的第 4 款——1975 年第 95 号国家公报修正；以前的第 6 款——1986 年第 89 号国家公报补充；以前的第 7 款——1995 年第 50 号国家公报修正；以前的第 6 款——2000 年第 21 号国家公报）对走私犯罪的对象，不论其归属于谁，都应当没收归国有。如果该物品不知所踪或者已经转让他人的，则应当裁定其缴纳根据其各自的零售价格所确定的与其同等价值的金钱。

8.（以前的第 5 款——1975 年第 95 号国家公报修正；以前的第 7 款——1986 年第 89 号国家公报修正；以前的第 8 款——1995 年第 50 号国家公报修正；以前的第 7 款——2000 年第 21 号国家公报）对用于运输走私货物的交通工具，无论是否属于行为人，都应当没收归国有，但如果其价值明显超过犯罪所应当承担的责任除外。

9.（1985 年第 41 号国家公报新增；以前的第 8 款——1986 年第 89 号国家公报修正；以前的第 9 款——1995 年第 50 号国家公报修正；以前的第 8 款——2000 年第 21 号国家公报）对第 2 款、第 3 款、第 4 款规定的罪行的犯罪预备，处不超过 5 年的监禁。对这些犯罪预备案件，也适用第 7 款的规定。

第 242 条 a（2000 年第 21 号国家公报新增；2004 年第 26 号国家公报补充）

携带附随有过境许可文书的货物通过国境的人，违反文书的指令在本国境内销售该货物的，处不超过 6 年的监禁，并处 50000 列弗至 500000 列弗的罚金。对于货物和用于运送货物的交通工具，无论其归属于谁，都应当没收归国有。

第四节　妨害金融与信用制度罪

第 243 条

1. 伪造、变造在国内外有兑换汇率的货币的，构成伪造货币罪，处 5 年至 15 年的监禁。

2. 伪造下列物品的，处与前款相同的刑罚：

（1）印花税票或者邮票；

（2）国家发行的债券或者其他国家证券；

（3）（1997 年第 62 号国家公报新增）信用卡或者不属于证券的付款凭证。

第 244 条

1. （以前的第 244 条的内容——1997 年第 62 号国家公报修正；2005 年第 24 号国家公报修正）将前条规定的伪造的货币或者其他票证投入流通，或者明知属于伪造而获得、使用、走私的，处不超过 8 年的监禁。

2. （1997 年第 62 号国家公报新增）持有前款规定的票据数量巨大的，处与前款相同的刑罚。

第 244 条 a（2005 年第 24 号国家公报新增）

1. 违反规定制作在国内外有兑换汇率的金融票据的，处 5 年至15年的监禁。

2. 故意将这类票据进行流通的，处不超过5年的监禁。

第245条（1982年第28号国家公报修正；1993年第10号国家公报修正；1997年第62号国家公报修正）

接受伪造的货币或者第243条规定的其他票证，明知其性质而故意将其作为真实的货币或者票证投入流通的，处1年至3年的监禁，并处不超过1000列弗的罚金。

第246条

1. （2004年第26号国家公报修正）对第243条规定的行为的犯罪预备，或者出于实施该条罪行的目的或流通伪造的货币或其他票证的目的而建立组织的，处不超过6年的监禁。

2. （2005年第24号国家公报修正）该组织的从犯如果在开始实施伪造之前（如果该组织是为伪造目的而建立的），或者在第3款规定的准备资源之准备行为完成之前，或者在伪造的票证投入流通之前（如果该组织是为流通这些票证的目的而建立的），放弃犯罪并向官方告发的，则不予处罚。

3. （2005年第24号国家公报修正）明知意图用于或者已经用于伪造第243条规定货币或其他票证的物品、计算机软件、银行票据的防伪原理、材料、工具，而制造、获取、持有、藏匿的，处不超过6年的监禁。

第247条（1982年第28号国家公报修正；1982年第31号国家公报校正；1993年第10号国家公报修正；2002年第92号国家公报修正）

以消除、覆盖表明已经被使用过的印记的方法，重复使用印花税票或者邮票的，处缓刑或者100列弗至300列弗的罚金。

第248条

1. 明知他人实施了第243条和第244条规定的犯罪，不向有权机关报告的，处缓刑或者100列弗至300列弗的罚金。

2. 前款的规定不适用于行为人的配偶、尊亲属、卑亲属、兄弟姐妹及其配偶。

第248条a（2006年第75号国家公报新增）

1. 为了获得条件优惠的贷款而提供不真实的信息的，处不超过1年的监禁，并处1000列弗至3000列弗的罚金。

2. 违反提供相应资料的义务，提供虚假的资料或者隐瞒资料，以获取欧盟的资金或者欧盟拨付给保加利亚国家使用的资金的，处与前款相同的刑罚。

3. 如果第1款和第2款规定的行为是由法人机构的领导人或者企业负责人实施的，处不超过3年的监禁和2000列弗至5000列弗的罚金。

4. 公务员应当知道被提供的信息是不真实的，而批准贷款或者给付第2款规定的资金的，处与第3款相同的刑罚。

第249条（2002年第92号国家公报修正；2006年第75号国家公报修正）

1. 未经持票人的同意，使用支付凭证或者支付凭证的数据，造成他人重大财产损失的，处不超过2年至8年的监禁，并处不超过其所得数额2倍的罚金。

2. 对于在保加利亚共和国境内外签发的支付凭证，超出其中的储蓄总金额而使用的，处1年至6年的监禁，并处并处不超过其所得数额2倍的罚金。

3. 使用技术设备生产、获取支付工具数据的信息内容的，处不超过1年至8年的监禁，并处不超过其所得数额2倍的罚金。

4. 存储他人的支付凭证的数据或者将其向他人提供的，处与第3款相同的刑罚。

第250条

1.（1975年第95号国家公报修正；1982年第28号国家公报修正和补充；1986年第89号国家公报修正；1993年第10号国家公报废止；1995年第50号国家公报新增；以前的第250条——2000年第21号国家公报）使用虚假的、伪造的文书或者有不真实内容的文书，通过银行，把款项转移到国外的，处1年至10年的监禁，并处不超过转移数额2倍的罚金。

2.（2000年第21号国家公报新增；2006年第75号国家公报废止）

第251条（1993年第10号国家公报废止；1995年第50号国家公报新增）

1. 违反法律、部长会议法令、保加利亚国家银行的规章关于使用货币的贸易、进口、出口或其他活动的规定，或者违反其签订的合同所承担的义务，如果犯罪对象的数额特别巨大的，处不超过6年的监禁或者不超过犯罪对象数额2倍的罚金。

2. 犯罪对象应当没收归国有，如果该物品不知所踪或者已经转让他人的，则应当裁定犯罪人缴纳相同价值的金钱。

第252条（1982年第28号国家公报修正；1993年第10号国家公报废止；1995年第50号国家公报新增）

1.（1997年第62号国家公报修正）未获适当许可，以从事按规定应当获得许可的银行、保险或者其他金融业务为职业的，处3年至5年的监禁，并处不超过犯罪人财产1/2份额的没收财产。

2.（1997年第62号国家公报修正）如果第1款规定的行为导致他人重大损失的，或者违法所得巨大的，处5年至10年的监禁和5000列弗至10000列弗的罚金，同时法院还可以判处没收犯罪人部分或者全部财产。

3. 经许可从事银行业务的人，违反规定使用所获得的资金的，处与第 2 款规定相同的刑罚。

第七章　妨害金融、税收与保险制度罪[①]

第 253 条（1982 年第 28 号国家公报修正；1993 年第 10 号国家公报废止；1997 年第 62 号国家公报新增）

1. （1998 年第 85 号国家公报修正；2004 年第 26 号国家公报修正；2006 年第 75 号国家公报修正）明知或者怀疑是通过犯罪或者其他具有社会危险性的行为所得的财产，而对之进行金融经营或者交易，或者掩饰其来源、位置、变动或者设定于其上的其他实际权利的，构成洗钱罪，处 1 年至 6 年的监禁，并处 3000 列弗至 5000 列弗的罚金。

2. （2004 年第 26 号国家公报新增；2006 年第 75 号国家公报修正）明知或者怀疑是通过犯罪或者其他具有社会危险性的行为所得的财产，而获取、接受、持有、使用、转换或者以任何方式促成其转换的，处与第 1 款规定相同的刑罚。

3. （以前的第 2 款——2004 年第 26 号国家公报修正）实施第 1 款和第 2 款规定的行为，有下列情形之一的，处 1 年至 8 年的监禁，并处 5000 列弗至 20000 列弗的罚金：

（1）（2004 年第 26 号国家公报修正）由二人或者二人以上事先有通谋的人实施的，或者由执行有组织的犯罪集团的决定或任务的人实施的；

（2）实施两次或者两次以上的；

（3）由公务员在其职权范围内实施的；

---

① 1997 年第 62 号国家公报修正；2000 年第 51 号国家公报修正；1993 年第 10 号国家公报废止；1997 年第 62 号国家公报新增。

（4）（2004 年第 26 号国家公报新增）通过使用假名或者以未获同意的他人的姓名，在金融机构开设、维持账户的途径的。

4.（2000 年第 21 号国家公报新增；以前的第 3 款——2004 年第 26 号国家公报修正；2006 年第 75 号国家公报修正）明知或者怀疑是通过严重的故意犯罪所得的财产及其收益，而实施第 1 款或者第 2 款规定的行为的，处 3 年至 12 年的监禁，并处 20000 列弗至 200000 列弗的罚金。

5.（1998 年第 85 号国家公报新增；以前的第 3 款——2000 年第 21 号国家公报新增；以前的第 4 款——2004 年第 26 号国家公报修正；2006 年第 75 号国家公报修正）如果所指的犯罪所得及其收益数额特别巨大且属于情节特别严重的，处 5 年至 15 年的监禁和 10000 列弗至 30000 列弗的罚金，法院还应当判处剥夺第 37 条第 1 款第 6 项和第 7 项规定的剥夺权利。

6.（1998 年第 85 号国家公报新增；以前的第 4 款——2000 年第 21 号国家公报修正；以前的第 5 款——2004 年第 26 号国家公报修正）犯罪对象或者其转换而成的财产应当没收归国有，如果这些物品不知所踪或者已经转让他人的，则应当裁定犯罪人缴纳相同价值的金钱。

7.（2004 年第 26 号国家公报新增）保加利亚对赖以获得财产的上游犯罪没有刑事管辖权的，同样适用第 1 款至第 6 款的规定。

第 253 条 a（2004 年第 26 号国家公报新增）

1. 洗钱罪的犯罪预备或者为此目的而结伙的，处不超过 2 年的监禁或者 5000 列弗至 10000 列弗的罚金。

2. 教唆他人实施洗钱行为的，处与前款相同的刑罚。

3. 意图用于洗钱的财产应当没收归国有，如果该物品不知所踪或者已经转让他人的，则应当裁定犯罪人缴纳相同价值的金钱。

4. 第1款规定的组织的参加者，如果在洗钱行为完成之前停止参与该组织并向有权机关告发的，则不予处罚。

第253条b（1998年第85号国家公报新增；以前的第253条a——2004年第26号国家公报修正）

公务员违反反洗钱法的规定或者不履行其规定，情节严重但未构成处罚更重的其他犯罪的，处不超过3年的监禁，并处1000列弗至3000列弗的罚金。

第254条（1982年第28号国家公报修正；1993年第10号国家公报废止；1997年第62号国家公报新增；2006年第75号国家公报废止）

第254条a（2000年第51号国家公报新增）

1. （2006年第75号国家公报修正）公务员违反预算法或其执行法，不按照其规定用途使用预算资金或者临时应急资金的，处不超过3年的监禁或者缓刑，并处剥夺第37条第1款第6项规定的权利。

2. 如果第1款规定的行为对国家或者社会造成危害后果的，处不超过5年的监禁，并处剥夺第37条第1款第6项规定的权利。

3. （2006年第75号国家公报废止）

4. （2006年第75号国家公报修正）对第1款规定的行为，如果行为人在法院一审法庭调查结束之前撤销其非法使用行为而且全部归还被非法开支的资金的，则不予处罚。这一规定不能反复适用。

第254条b（2005年第24号国家公报新增）

1. 不按照规定的用途使用欧盟的资金或者欧盟拨付给保加利亚国家的资金的，处不超过5年的监禁。

2. 公务员实施前款规定的行为的，法院还可以剥夺其第37条第1款第6项和第7项规定的权利。

第255条（1982年第28号国家公报修正；1986年第89号国家公报修正；1993年第10号国家公报废止；1997年第62号国家公报新增；2006年第75号国家公报修正）

1. 逃避申报或者缴纳数额巨大的税款，有以下情形之一的，处不超过5年的监禁，并处不超过2000列弗的罚金：

（1）不进行规定的申报的；

（2）在所提交的申报中虚构事实或者隐瞒真相的；

（3）不提供发票或者其他会计文件的；

（4）毁灭、隐匿会计账簿或者不按照规定的时间保存的；

（5）使用或者同意使用违反会计法要求的会计账簿的；

（6）在进行经济活动、会计管理的过程中或者向财政机关、公共执行机构提供信息时，出具、使用含有不真实内容的文书或者虚假的、伪造的文书的；

（7）不服从税收传唤的。

2. 如果第1款规定的行为有边境警察、海关人员、国家财政机构人员、国家征收机构人员或者注册会计师参与实施的，处2年至6年的监禁和不超过5000列弗的罚金，并处剥夺第37条第1款第6项和第7项规定的权利。

3. 如果税收数额特别巨大的，处3年至8年的监禁，并处没收犯罪人的部分或者全部的财产。

4. 在法院一审法庭调查结束之前，如果行为人向财政预算账户支付了未申报或者未支付的全部税款和正当的利息的，其处罚为：对第1款和第2款规定的情形，处不超过2年的监禁和不超过500列弗的罚金；对于第3款规定的情形，处不超过3年的监禁和不超过1000列弗的罚金。

第255条a（2006年第75号国家公报新增）

1. 以转换商业企业或其他法人机构或者与税收保险程序法中规定的关联主体进行交易的方式，逃避申报或者缴纳税收数额巨大的，处1年至6年的监禁和不超过10000列弗的罚金。

2. 如果税收数额特别巨大的，处3年至8年的监禁，并处没收犯罪人的部分或者全部的财产。

3. 在法院一审法庭调查结束之前，如果行为人向财政预算账户支付了未申报或者未支付的全部税款和正当的利息的，处不超过3年的监禁和不超过1000列弗的罚金。

第256条（1993年第10号国家公报废止；1997年第62号国家公报新增；2006年第75号国家公报修正）

1. 使用含有不真实内容的文书、虚假的文书或者伪造的文书，从国家预算中获取数额巨大的财政款项的，或者为他人获取这种款项提供机会的，处2年至8年的监禁和1000列弗至5000列弗的罚金。

2. 如果第1款行为的实施有第255条第2款规定的人参与的，或者是由执行有组织犯罪集团的任务或者决定的人实施的，或者所获得的财政款项数额特别巨大的，处3年至10年的监禁和没收犯罪人的部分或者全部财产，还应剥夺其第37条第1款第6项和第7项规定的权利。

3. 在法院一审法庭调查结束之前，如果行为人向财政预算账户支付了所获取的全部财政款项和正当的利息的，其处罚为：对第1款规定的情形，处不超过3年的监禁和不超过1000列弗的罚金；对于第2款规定的情形，处不超过5年的监禁和不超过3000列弗的罚金。

第257条（1993年第10号国家公报废止；1997年第62号国家公报新增；2006年第75号国家公报废止）

第 258 条（1982 年第 28 号国家公报修正；1993 年第 10 号国家公报废止；1997 年第 62 号国家公报新增）

1. 非法妨碍税务机关履行其法定职责的，处不超过 3 年的监禁，并处 1000 列弗至 2000 列弗的罚金。

2. 以暴力、威胁方法实施第 1 款规定的行为的，处 1 年至 6 年的监禁，并处 2000 列弗至 5000 列弗的罚金。

第 259 条（1982 年第 28 号国家公报修正；1993 年第 10 号国家公报废止；1997 年第 62 号国家公报新增）

以获取免税、减税或其他财产利益为目的，以建立非营利法人机构、基金会为幌子，不从事其注册时所宣称的活动或者从事欺骗活动或者从事被禁止的活动的，处不超过 3 年的监禁和 3000 列弗至 5000 列弗的罚金，并处剥夺第 37 条第 1 款第 6 项和第 7 项规定的权利。

第 259 条 a（2000 年第 51 号国家公报新增）

1. 公务员在尚未缴纳全部应缴的强制保险存款的情况下允许支付报酬，如果未缴纳的强制保险费数额巨大的，处不超过 3 年的监禁。

2. 如果第 1 款行为的行为人在法院一审的法庭调查结束之前补足全部款项和利息的，则不予处罚。

第 260 条（1975 年第 95 号国家公报修正；1982 年第 28 号国家公报修正；1993 年第 10 号国家公报废止；1997 年第 62 号国家公报新增）

1. 持证估价师对待估财产的价值提供不实的估价或者结论，导致损害后果，情节严重的，处不超过 3 年的监禁，并处剥夺第 37 条第 1 款第 6 项和第 7 项规定的权利。

2. 公证会计师签署明知失实的企业年度会计报告的，处不超过 1 年的监禁和不超过 500 列弗的罚金，并处剥夺第 37 条第 1 款第 6 项和第 7 项规定的权利。

第261条（1993年第10号国家公报废止）

第262条（1993年第10号国家公报废止）

第263条（1982年第28号国家公报修正；1993年第10号国家公报废止）

第264条（1993年第10号国家公报废止）

第265条（1993年第10号国家公报废止）

第266条（1982年第28号国家公报修正；1993年第10号国家公报废止）

第267条（1982年第28号国家公报修正；1993年第10号国家公报废止）

第268条（1993年第10号国家公报废止）

第八章　妨害国家机关、公共组织和公务人员活动罪[①]

第一节　危害管理秩序罪

第269条

1. 以强迫有关机关履行或者不履行一定行为为目的，以实施犯罪为手段而实施暴力、威胁行为的，处不超过3年的监禁或者缓刑。

2. （2005年第43号国家公报修正）针对公共代表、私人警卫或者代理警卫实施前款规定的行为的，处与前款相同的刑罚。

3. 如果前述各款的行为是由犯罪集团的参加者、教唆者、领导者实施的，处1年至8年的监禁。

第270条

1. （1982年第28号国家公报修正；1993年第10号国家公报

① 2005年第43号国家公报修正。

修正；以前第 270 条的内容——2000 年第 21 号国家公报修正；2002 年第 92 号国家公报修正；2005 年第 43 号国家公报修正）非法阻碍有权机关、私人警卫或者代理警卫履行职责的，处 3 个月的监禁或者 100 列弗至 300 列弗的罚金。

2. （2000 年第 21 号国家公报新增）如果前款规定的职责是与管制毒品、类似物或者前体物质有关的职责的，处不超过 2 年的监禁，并处 10000 列弗至 50000 列弗的罚金。

第 270 条 a（1973 年第 26 号国家公报新增；1986 年第 89 号国家公报废止）

第 271 条（1969 年第 92 号国家公报修正；1982 年第 28 号国家公报修正；1989 年第 99 号国家公报废止）

第 272 条（1982 年第 28 号国家公报修正）

1. （2004 年第 103 号国家公报修正）因为正当的行政程序而被禁止离开居住区域的人，无正当理由而离开其居住区域的，处不超过 6 个月的监禁或者缓刑。

2. 在被给予相应的警告后，继续有计划地违反对其采取的法定的行政监管措施的，处不超过 1 年的缓刑。

第 273 条（1982 年第 28 号国家公报补充；1982 年第 31 号国家公报校正；1985 年第 41 号国家公报补充；1989 年第 99 号国家公报废止；2006 年第 102 号国家公报新增）

违反关于接触、公开有关保加利亚国家安全和军队情报活动的文书的法律规定，泄露有关国家安全或者军队情报活动的信息、物品的，处 3 年至 6 年的监禁，并处 15000 列弗至 30000 列弗的罚金。

第 274 条

1. 公务员超出其职务范围或者在被剥夺职务权力以后，无正当理由地实施行为的，处不超过 1 年的监禁或者缓刑。

2. 公共代表超出其被委派的职务范围或者在被剥夺职务权力以后，无正当理由地实施行为，非法侵害公共利益或者个人利益的，处与前条相同的刑罚。

3. 无资格的人穿戴制服或者官方标志的，处不超过 1 年的监禁或者缓刑，并处公开训诫。

第 274 条 a （2002 年第 92 号国家公报新增）

1. 违反内务部法的规定，持有、穿戴其制服、官方标志、证章的，处不超过 2 年的监禁，并处不超过 500 列弗的罚金。

2. 为了实施其他犯罪而实施第 1 款规定的行为的，处不超过 5 年的监禁，并处不超过 2000 列弗的罚金。

第 275 条 （1982 年第 28 号国家公报修正；1993 年第 10 号国家公报修正；2002 年第 92 号国家公报修正）

1. 有义务对有权机关、私人警卫、代理警卫提供协助的人，在收到合法的请求后不履行协助义务的，处缓刑或者 100 列弗至 300 列弗的罚金。

2. 在危及他人生命、健康或者财产权利的情况下，接到相关的公务员的协助请求后，其能够提供不危及其本人或他人的协助，但却拒绝提供协助的，处缓刑或者 100 列弗至 300 列弗的罚金。

第 276 条

1. 伪造官方证明标志如印章、贵重金属制作的标志、入场券、交通运输票券及类似物品的，处不超过 2 年的监禁或者缓刑。

2. （1982 年第 28 号国家公报修正；1993 年第 10 号国家公报修正；2002 年第 92 号国家公报修正）故意使用这些伪造的标志的，处 100 列弗至 300 列弗的罚金。

3. 非法侵占、毁灭、隐匿用于价值的认可、支付或者报告的官方证明标志，未构成处罚更为严重的其他犯罪的，处不超过2年的监禁或者缓刑。

4. 未获正当的许可，制造国家或者公共组织的印章的，处不超过1年的监禁或者缓刑。

5. 出于非法使用的目的，侵占国家或者公共组织的印章的，处与前款相同的刑罚。

第277条（1982年第28号国家公报修正；1993年第10号国家公报修正）

1. （2002年第92号国家公报修正；2005年第43号国家公报修正）有权机关、个体的司法协助员或代理司法协助员依据法定理由在动产或不动产上贴附用以表明禁止进入或者禁止处分的封记，行为人故意将这种封记磨掉或破坏的，处不超过2年的监禁或者100列弗至300列弗的罚金。

2. （2002年第92号国家公报修正）行为人对交其保管的受限制的财产进行处分的，处与前款相同的刑罚。

第278条

1. （1982年第28号国家公报修正；1993年第10号国家公报修正；2002年第92号国家公报修正；2004年第26号国家公报修正）毁灭、铲除、破坏文化遗迹或者国家档案馆中的档案材料，未构成处罚更为严重的其他犯罪的，处不超过3年的监禁或者500列弗至1000列弗的罚金，并处公开训诫。

2. （1993年第10号国家公报新增；2004年第26号国家公报修正）公务员违反法律批准他人毁灭、铲除、破坏文化遗迹或者改变文化遗迹的外观或者出口文化遗迹的，处不超过5年的监禁或者1000列弗至5000列弗的罚金。

3. （以前的第2款——1993年第10号国家公报修正；2004年第26号国家公报修正）未经许可而将文化遗迹或者国家档案

馆中的档案材料携带出境的，处不超过5年的监禁或者1000列弗至5000列弗的罚金。犯罪对象应当根据第53条第1款b项的规定没收归国有。

4.（以前的第3款——1993年第10号国家公报修正；2004年第26号国家公报修正）明知其可能会被带出国境，而转让前款规定的财物的，处不超过2年的监禁或者1000列弗至5000列弗的罚金。犯罪对象应当根据第53条第1款b项的规定没收归国有。

5.（1982年第28号国家公报补充；以前的第4款——1993年第10号国家公报修正；2004年第26号国家公报修正）对实施前述各款规定的行为，且情节特别严重的，其处罚为：对实施第1款规定的行为的，处1年至5年的监禁，并处5000列弗至10000列弗的罚金；对实施第2款和第3款规定的行为的，处2年至6年的监禁，并处5000列弗至10000列弗的罚金；对实施第4款规定的行为的，处1年至3年的监禁，并处5000列弗至10000列弗的罚金。法院还可以对犯罪人判处剥夺第37条第1款第6项和第7项规定的权利。对犯罪对象应当根据第53条第1款b项的规定没收归国有。

第278条a（1993年第10号国家公报新增；2002年第92号国家公报修正）

1.（2004年第26号国家公报修正）发现文化遗迹或者其他有历史价值的发现，故意不在两周之内向当局报告的，处不超过1年的监禁或者500列弗至1000列弗的罚金。

2.（2004年第26号国家公报修正）如果该文化遗迹具有极高的科学或者艺术价值的，处不超过2年的监禁或者1000列弗至5000列弗的罚金。

第 278 条 b

1. （1993 年第 10 号国家公报新增；2002 年第 92 号国家公报修正；2004 年第 26 号国家公报修正；2006 年第 75 号国家公报修正）未获许可，进行考古挖掘、地球物理和水下研究或者在考古文化遗迹区域或其保护区内挖掘，如果没有构成处罚更重的其他犯罪的，处不超过 6 年的监禁，并处 2000 列弗至 20000 列弗的罚金。

2. （2006 年第 75 号国家公报修正）如果使用技术设备或者机动交通工具实施第 1 款规定之罪的，处 3 年至 6 年的监禁和 5000 列弗至 50000 列弗的罚金。

3. 未经适当的许可交换、出售考古发现或者可移动的文化考古遗迹，或者提供以待换、待售的，处不超过 3 年的监禁，并处 1000 列弗至 10000 列弗的罚金。

4. 对归犯罪人所有的犯罪对象应当没收归国有，如果已经不知所踪或者已经转让他人的，则应当裁定其缴纳相同价值的金钱。

第 278 条 c（1982 年第 28 号国家公报新增；1991 年第 86 号国家公报修正与补充；以前的第 278 条 a 的内容——1993 年第 10 号国家公报修正；1997 年第 85 号国家公报修正；2002 年第 92 号国家公报修正）

1. （1997 年第 85 号国家公报修正；1998 年第 133 号国家公报修正；2002 年第 92 号国家公报修正；2005 年第 88 号国家公报废止）毁灭、破坏保护区或被宣布受保护的动植物的标本的，处不超过 2 年的监禁或者缓刑，并处 500 列弗至 2000 列弗的罚金。

2. （1997 年第 85 号国家公报修正；2002 年第 92 号国家公报修正；2005 年第 88 号国家公报废止）

3. （1997 年第 85 号国家公报修正；1998 年第 133 号国家公

报修正；2005年第88号国家公报修正）故意毁灭、破坏极为珍贵的、独一无二的或不可重得的地表和被宣布受保护的岩石形状、洞穴的，处不超过3年的监禁或者200列弗至2000列弗的罚金，并处公开训诫。

4.（1993年第10号国家公报修正；1997年第85号国家公报修正；2002年第92号国家公报修正；2004年第103号国家公报修正；2005年第88号国家公报修正）未获正当的许可，毁灭、捕捉、拘禁、销售在欧洲或者世界范围内被宣布受保护的濒危野生动植物的，处不超过5年的监禁和缓刑或者1000列弗至5000列弗的罚金。

第279条

1.（1993年第10号国家公报修正；2002年第92号国家公报修正；2004年第103号国家公报修正）未经有权机关的许可进出国境，或者虽获许可但不在许可中根据其目的而确定的地点进出国境的，处不超过5年的监禁，并处100列弗至300列弗的罚金。

2.（1982年第28号国家公报新增；1993年第10号国家公报修正；2002年第92号国家公报修正；2004年第103号国家公报修正）如果第1款规定的行为是被再次实施的，处1年至6年的监禁，并处100列弗至300列弗的罚金。

3.（以前的第2款——1982年第28号国家公报修正）对前述各款规定的行为，法院可以不判处各款规定的罚金，而替代地判处没收犯罪人全部或者部分财产。

4.（以前的第3款——1982年第28号国家公报修正）对第1款和第2款规定行为的犯罪预备，处不超过2年的监禁或者缓刑。

5.（以前的第4款——1982年第28号国家公报修正）对于进入本国境内以便其能够享受宪法规定的避难权利的人，不予处罚。

第280条（1982年第28号国家公报修正与补充；1989年第37号国家公报废止；1997年第62号国家公报新增）

1. 未经有关机关许可运送个人或者一群人进出国境，或者虽获许可但不在许可中根据其目的而确定的地点进出国境的，处1年至6年的监禁，并处500列弗至1000列弗的罚金。

2. 具有下列情形之一的，处1年至10年的监禁和1000列弗至3000列弗的罚金，并处没收部分或者全部财产：

（1）运送不满16周岁的人进出国境的；

（2）未获被运送人同意而将其运送进出国境的；

（3）被运送进出境的人不是保加利亚公民的；

（4）使用机动车、飞机或者其他交通工具进行运送的；

（5）该运送是由集团、团伙组织的，或者有公务员利用其职务身份参与其中的。

3. 对第2款第4项规定的行为，如果该交通工具归行为人所有的，则应当没收归国有。

第281条（1982年第28号国家公报修正；1989年第99号国家公报废止）

第二节 刑事背信罪

第282条（1982年第28号国家公报修正）

1.（2004年第103号国家公报修正；2006年第75号国家公报修正）以为本人或他人获得利益或者造成他人损失为目的，公务员违反其职责、不履行其职责或者超越其职权，有造成他人重大损失危险的，处不超过5年的监禁，同时法院还可以判处剥夺第37条第1款第6项规定的权利或者缓刑。

2.（1986 年第 89 号国家公报修正与补充；2006 年第 75 号国家公报修正）如果行为已经造成严重后果或者行为是由从事重要公务职位的人实施的，处 1 年至 8 年的监禁，同时法院还可以判处剥夺第 37 条第 1 款第 6 项和第 7 项规定的权利。

3.（1986 年第 89 号国家公报新增；2006 年第 75 号国家公报修正）实施前款规定的行为，且情节特别严重的，处 3 年至 10 年的监禁，同时法院还可以判处剥夺第 37 条第 1 款第 6 项和第 7 项规定的权利。

4.（1997 年第 62 号国家公报新增）公务员在有第 142 条第 2 款第 6 项和第 8 项规定的人参与的情况下实施本罪的，处第 3 款规定的刑罚。

5.（2000 年第 21 号国家公报新增）如果前述各款规定的行为的实施，与对毒品及其前体物质的生产、加工、储存、国内交易、进口、出口、运输、记账行使监管职责有关的，其处罚为：对实施第 1 款规定的行为的，处不超过 10 年的监禁；对实施第 2 款规定的行为的，处 3 年至 15 年的监禁。

第 282 条 a（1997 年第 62 号国家公报新增）

在相关的法律规定的条件齐备，应当颁发给从事某种活动的特别许可的情况下，公务员在拒绝颁发或者超过规定的期限耽误颁发的，处不超过 3 年的监禁和不超过 500 列弗的罚金，并处剥夺第 37 条第 1 款第 7 项规定的权利。

第 283 条（1973 年第 26 号国家公报修正；1982 年第 28 号国家公报修正）

公务员利用其职务便利为自己或者他人提供非法利益的，处不超过 3 年的监禁。

第 283 条 a（1997 年第 62 号国家公报新增）

如果第 282 条和第 283 条规定的行为的实施，与国有、市有的商业企业、合作财产、法人机构的财产的私有化、租借、承包有关的，其处罚为：

1. 对实施第282条规定的行为的，处3年至10年的监禁与3000列弗至5000列弗的罚金，并处剥夺第37条第1款第6项和第7项规定的权利。

2. 对实施第283条规定的行为的，处1年至3年的监禁与1000列弗至3000列弗的罚金，并处剥夺第37条第1款第6项和第7项规定的权利。

第283条b（1997年第62号国家公报新增；2002年第92号国家公报补充）

所有权人根据被没收不动产所有权恢复法、区域与城市发展法、居住区规划建设法、居住区城市化发展法、国有不动产法、所有权法、农用地所有权与占有权法、被没收不动产物主鉴别法、私有化与私有化后监督法或者与其他法律有关的已生效司法行为应当恢复行使其所有权时，公务员妨碍其行使权利的，处2年至6年的监禁。

第284条（2004年第26号国家公报修正）

1. 公务员损害国家、企业、组织、个人的利益，明知其受委派管理的信息或者因为职务而知悉的信息属于工作秘密，而向他人泄露或者予以公开的，处不超过2年的监禁或者缓刑。

2. 在国家机关、国有企业、公共组织中从事非公务工作的人，泄露由于其工作而知悉的属于工作秘密，处第1款规定的刑罚。

3. 专家、翻译人、口译人针对其因其被委托的任务而知悉的、有义务保密的信息实施第1款行为的，处不超过2年的监禁或者缓刑。

第284条a（2001年第41号国家公报新增；2002年第45号

国家公报废止；2006年第102号国家公报新增）

从事国家安全工作和保加利亚军队情报工作的公务员，违反有关接触、公布国家秘密、军队情报的法律规定，将有关秘密或情报予以泄露的，处3年至6年的监禁和15000列弗至30000列弗的罚金。

第284条b（2001年第41号国家公报新增；2004年第26号国家公报废止；2006年第102号国家公报新增）

公务员在执行接触、公布国家秘密、军队情报法的过程中，不为作为其同伴或者掩护人的情况出具有关报告的，处3年至6年的监禁和15000列弗至30000列弗的罚金。

第285条

公务员故意纵容其下属实施与其职务或工作有关的犯罪的，应当按照所实施的各罪的法定刑对其进行处罚。

第三节　妨害司法罪

第286条

1.（1997年第62号国家公报修正）明知他人是无罪的人而向有权机关控告其实施了犯罪，或者针对其向有权机关提供虚假的证据的，构成诬陷罪，处1年至6年的监禁和公开训诫。

2.（以前的第2款被废止，此为以前的第3款——1997年第62号国家公报修正）如果被诬陷的人受到正式的刑事指控的，处1年至10年的监禁。

第287条（2004年第26号国家公报修；2006年第75号国家公报修正）

有权机关工作人员在其职责范围内，亲自或者通过他人对犯罪嫌疑人、被告人、证人、专家使用非法的强制手段，以逼取供述、证言、结论或者信息的，处 3 年至 10 年的监禁和剥夺第 37 条第 1 款第 6 项规定的权利。

第 287 条 a（1997 年第 62 号国家公报新增）

为了误导司法机关：

1. 制作虚假的技术记录或者变造真实的技术记录的；

2. 毁灭记录或者记录的一部分的，收集、整理记录资料从而使重要的情节呈现出虚假的表象的；

3. 使用伪造的技术记录的；

4. 使用以专门的间谍设备非法获得的信息的，

处 1 年至 5 年的监禁，并处 500 列弗至 1000 列弗的罚金。

第 288 条（1995 年第 50 号国家公报修正；2006 年第 75 号国家公报修正）

刑事诉讼程序要求有权机关工作人员在适当期限内履行其职位所要求的职责，该工作人员以使他人免于依法应受之刑罚为目的而不履行其职责或者以其他方法阻碍这一程序的进行的，处 1 年至 6 年的监禁和剥夺第 37 条第 1 款第 6 项规定的权利。

第 289 条（1997 年第 62 号国家公报修正；2004 年第 103 号国家公报修正；2006 年第 75 号国家公报修正）

劝服侦查机关、检察机关或者审判机关的公务员违反其司法工作职责的，处不超过 5 年的监禁或者缓刑或者公开训诫。

第 290 条

1. 证人在向法院或者其他有权机关以口头或者书面的形式作证时，故意对虚假的情况予以作证或者隐瞒事实真相的，构成伪证罪，处不超过 5 年的监禁。

2. 翻译人员、口译人员向法院或者其他有权机关以口头或者书面的形式提供不真实的翻译或者口译的，处与前款相同的刑罚。

第290条a（1982年第28号国家公报新增）

在提交给法院的书面声明中，对虚假的情况予以作证或者隐瞒事实真相的，处不超过3年的监禁。

第291条

1.（2006年第75号国家公报修正）专家以口头或者书面的形式，故意向法院或者其他有权机关提供虚假的证明结论的，处1年至5年的监禁和剥夺第37条第1款第7项规定的权利。

2.（2004年第103号国家公报修正；2006年第75号国家公报修正）如果前款行为是过失实施的，处不超过1年的监禁或者缓刑。法院还可以判处剥夺第37条第1款第7项规定的权利。

第292条

1. 对第290条和第291条规定犯罪，行为人有下列情形之一的，可以减轻其刑事责任：

（1）如果说出真相，其可能使自己遭受犯罪指控的；

（2）如果在判决或者决定生效或者因此针对他人提起刑事起诉之前，向有权机关放弃其伪证、翻译、口译的。

2.（1986年第89号国家公报新增）在第290条a规定的案件中，如果行为人在作出提出指控的决定之前撤回其声明的，也应当适用前款第2项的规定。

第293条

1.（以前的第293条的内容——1986年第89号国家公报补充）教唆他人实施第290条、第290条a、第291条规定的行为的，处不超过1年的监禁或者缓刑。

2.（1986年第89号国家公报新增）如果教唆二人或者二人以上的人实施第290条、第290条a、第291条规定的行为，且情节特别严重的，处不超过3年的监禁。

第293条a（1997年第62号国家公报新增；2006年第75号

国家公报修正）

在被生效的司法裁判确定有罪并被处以罚金之后，尽管有金钱或者财产向债权人履行该义务，但在该裁判生效之后满 1 年时仍不履行的，处不超过 1 年的监禁或者缓刑。

第 294 条

1.（1997 年第 62 号国家公报修正）与实施犯罪的他人无事前的通谋，事后帮助其逃跑或者妨碍针对其提起刑事诉讼程序或者使其不受处罚的，构成窝藏罪，处不超过 5 年的监禁，但处刑不得高于对潜逃罪所规定的刑罚。

2. 如果前款行为是出于获得财产利益的目的而实施的，处不超过 5 年的监禁，但处刑不得高于对潜逃罪所规定的刑罚。

3. 被窝藏人是行为人的配偶、卑亲属、尊亲属、兄弟姐妹的，不适用上述规定。

4.（1997 年第 62 号国家公报新增）如果行为人是法官、检察官、侦查人员、内务部工作人员的，处 2 年至 8 年的监禁。

第 295 条（1995 年第 50 号国家公报修正；2004 年第 103 号国家公报修正；2006 年第 75 号国家公报修正）

有权机关工作人员以使他人免受刑罚或者延误刑罚执行为目的，在根据其职责应当执行判决的情况下，不执行生效有罪判决的，处不超过 6 年的监禁，法院同时还可以判处剥夺第 37 条第 1 款第 6 项和第 7 项规定的权利或者缓刑。

第 296 条（2002 年第 92 号国家公报修正）

1. 以任何方式妨碍法院裁判的执行的，处不超过 3 年的监禁或者不超过 5000 列弗的罚金。

2. 为了妨碍法院裁判的执行，毁灭、破坏、接受、转让裁判所涉的财产，如果未构成处罚更重的其他犯罪的，处不超过 3 年的监禁或者 1000 列弗至 10000 列弗的罚金。

第 297 条

1. 囚犯脱逃的，处不超过 3 年的监禁。

2. 如果囚犯使用挖隧道，摧毁、撕裂墙面、门、窗或者其他物品的方式脱逃的，处不超过 5 年的监禁。

3. 囚犯，是指根据依法发布的命令被剥夺自由而处于监管状态之中的任何人。

第 298 条

1. 共谋通过共同的努力脱逃的，处不超过 2 年的监禁。

2. 如果囚犯开始实施所计划的脱逃的，处不超过 5 年的监禁。

第 299 条（2006 年第 75 号国家公报修正）

公务员未经许可释放或者放任囚犯脱逃的，处不超过 5 年的监禁，同时法院还可以判处剥夺其第 37 条第 1 款第 6 项规定的权利。

第 300 条（2004 年第 103 号国家公报废止）

第四节　贿　赂　罪

第 301 条

1. （2000 年第 51 号国家公报修正；2002 年第 92 号国家公报修正）公务员以其将实施或者不实施职务行为为条件，或者因为其已经实施或者没有实施这些职务行为，而索要或收受他人礼物或任何不应得之利益的，构成受贿罪，处不超过 6 年的监禁，并处不超过 5000 列弗的罚金。

2. （2000 年第 51 号国家公报修正；2002 年第 92 号国家公报修正）如果该公务员以实施违背职责的行为为条件或者因为其已经实施违背职责的行为，而实施第 1 款规定的行为，如果其违背职责的行为本身尚未构成犯罪的，处不超过 8 年的监禁，并处不超过 10000 列弗的罚金。

3.（1975 年第 95 号国家公报修正；2000 年第 51 号国家公报修正；2002 年第 92 号国家公报修正）如果该公务员以实施与其职责有关的另一犯罪行为为条件或者因为其已经实施这类犯罪，而实施第 1 款规定的行为的，处不超过 10 年的监禁，并处不超过 15000 列弗的罚金。

4.（1986 年第 89 号国家公报修正；2006 年第 75 号国家公报修正）对前述各款规定的行为，法院还应当并处剥夺第 37 条第 1 款第 6 项和第 7 项的权利。

5.（2002 年第 92 号国家公报新增）外国公务员索要或者收受贿赂，或者接受期约或许诺的贿赂的，处与第 1 款相同的刑罚。

第 302 条

受贿罪的实施具有下列情形之一的：

1.（2002 年第 92 号国家公报补充）由从事责任重大职位的人员如法官、审判委员会委员、检察官或者侦查人员实施的；

2. 以敲诈勒索方式或者侵吞公物的方式实施的；

3.（1982 年第 28 号国家公报修正）再次实施的；

4. 数额巨大的，

其处罚为：

（a）（1986 年第 89 号国家公报补充；2000 年第 51 号国家公报修正；2002 年第 92 号国家公报补充；2006 年第 75 号国家公报修正）对实施第 301 条第 1 款和第 2 款规定的行为的，处 3 年至 10 年的监禁和不超过 20000 列弗的罚金，并处剥夺第 37 条第 1 款第 6 项和第 7 项规定的权利。

（b）（1986 年第 89 号国家公报修正；2002 年第 92 号国家公

报补充；2006 年第 75 号国家公报修正）对实施第 301 条第 3 款规定的行为的，处 3 年至 15 年的监禁和不超过 25000 列弗的罚金和没收不超过犯罪人财产份额 1/2 的没收财产，同时法院还应当判处剥夺第 37 条第 1 款第 6 项和第 7 项规定的权利。

第 302 条 a（1986 年第 89 号国家公报新增；2002 年第 92 号国家公报补充；2006 年第 75 号国家公报修正）

受贿数额特别巨大且情节特别严重的，处 10 年至 30 年的监禁，并处不超过 30000 列弗的罚金、没收全部或者部分财产和剥夺第 37 条第 1 款第 6 项和第 7 项规定的权利。

第 303 条（2002 年第 92 号国家公报修正）

在公务员和外国公务员同意的情况下，将礼物或者利益提供给他人或期约、许诺提供给他人的，根据前述各款的规定处罚。

第 304 条（2002 年第 92 号国家公报修正）

1. 以让公务员实施或者不实施职务行为为目的，或者因为公务员已经实施或者没有实施这些职务行为，而期约、许诺、给予公务员礼物或任何其他利益的，处不超过 6 年的监禁，并处不超过 5000 列弗的罚金。

2. 如果公务员实施了与其行贿有关的职责但尚未构成处罚更为严重的其他犯罪的行为的，处不超过 8 年的监禁，并处不超过 7000 列弗的罚金。

3. 期约、许诺、给予外国公务员以贿赂的，处与第 1 款相同的刑罚。

第 304 条 a（2000 年第 51 号国家公报新增；2002 年第 92 号国家公报修正）

期约、许诺、给予从事责任重大职位的人员，如法官、审判委员会委员、检察官或者侦查人员以贿赂的，处不超过 10 年的监禁，并处不超过 15000 列弗的罚金。

第 304 条 b（2002 年第 92 号国家公报新增）

1. 以对与其职务相关的其他公务员或外国公务员的决定施加影响为目的，索要或收受他人礼物或任何不应得之利益，或者接受他人给予礼物或利益的期约、许诺的，处不超过 6 年的监禁或者不超过 5000 列弗的罚金。

2. 期约、许诺、给予声称能够施加第 1 款所述影响的人礼物或任何其他不应得利益的，处不超过 3 年的监禁或不超过 3000 列弗的罚金。

第 305 条（2002 年第 92 号国家公报修正）

1. 被法院、机构、企业、组织委任的仲裁员、专家在实施与其被委托的职责有关的行为时收受贿赂，或者向实施这类行为的仲裁员、专家期约、许诺、给予贿赂的，处以前述各条规定的刑罚。

2. 辩护人、委托人出于促成刑事、民事案件得到有利于对方当事人或者不利于本方当事人的处理结果的目的而收受贿赂，或者向实施这类行为时的辩护人、委托人期约、许诺、给予贿赂的，处以前述各条规定的刑罚。

第 305 条 a（1982 年第 28 号国家公报新增；2002 年第 92 号国家公报修正）

在实施前述各条规定的犯罪行为中起居间介绍作用的，如果没有构成处罚更为严重的其他犯罪的，处不超过 3 年的监禁，并处不超过 5000 列弗的罚金。

第 306 条（2002 年第 92 号国家公报修正）

因为受公务员、仲裁员、专家敲诈勒索而期约、许诺、给予其贿赂的人，或者及时、主动地向有权机关告发的行贿人，不予处罚。

第 307 条（2000 年第 51 号国家公报修正）

出于损害行贿人或者受贿人利益的目的，故意创造情况或条件以激起他人期约行贿、行贿或受贿的，处不超过 3 年的监禁。

第 307 条 a（1982 年第 28 号国家公报新增；2002 年第 92 号国家公报修正）

本节犯罪的犯罪对象应当没收归国有，如果犯罪对象不知所踪的，则应当裁定其缴纳相同价值的金钱。

第九章　文书犯罪

第 308 条

1. 以使用为目的制作不真实的公文或者伪造公文内容的，构成伪造公文罪，处不超过 3 年的监禁。

2. （2004 年第 26 号国家公报新增）伪造保加利亚或外国身份证明文书、教育程度或从业资格证明文书、机动交通工具驾驶证、交通工具登记证书、签证或者其他用以证明法律能力、身份、登记的资料的，处不超过 8 年的监禁。

3. （2004 年第 26 号国家公报新增）以获取物质利益为目的而实施第 2 款规定的行为的，处不超过 10 年的监禁。如果已经获得物质利益的，则应当没收归国有，如果该利益不知所踪的，则应当裁定其缴纳相同价值的金钱。

4. （1982 年第 28 号国家公报新增，以前的第 2 款；2004 年第 26 号国家公报修正）实施前述各款规定的行为，且情节轻微的，其处罚为：

（1）实施第 1 款规定的行为的，处不超过 6 个月的监禁或者缓刑；

（2）实施第 2 款规定的行为的，处不超过 2 年的监禁；

（3）实施第 3 款规定的行为的，处不超过 3 年的监禁。

5. （2004 年第 26 号国家公报新增）对第 1 款行为的犯罪预备，处不超过 1 年的监禁；对第 2 款和第 3 款行为的犯罪预备，或者为了实施该两款的犯罪而结伙的，处不超过6年的监禁。

6.（2004年第26号国家公报新增）在完成制作虚假的公文或伪造公文内容的行为（如果该组织是为此目的而建立的）之前，或者在虚假的或伪造的文书开始散布（如果该组织是为此目的而建立的）之前，参与该结伙的人放弃犯罪并向有权机关报告的，不予以处罚。

7.（2004年第26号国家公报新增）明知或者怀疑是意图用于或者已经用于制作、伪造第2款和第3款规定的文书的用途，而制作、持有、隐藏此类物品、材料、工具的，处不超过6年的监禁。

第309条

1. 意图用于证明某一权利、义务、法律关系存在或不存在、被终止或被修改，自己或者通过他人制作虚假的私人文书或者伪造私人文书内容的，处不超过2年的监禁。

2. 如果以证券为伪造对象的，处不超过3年的监禁。

3.（1993年第10号国家公报修正）实施前述各款规定的行为，情节轻微的，处缓刑或者不超过1列弗的罚金。

第310条

1.（2004年第26号国家公报修正与补充）如果第308条第1款和第309条第1款、第2款规定的行为是由公务员在其职责范围内实施的，处不超过5年的监禁；如果第308条第2款、第3款规定的行为是由公务员在其职责范围内实施的，处不超过12年的监禁，同时法院还可以判处剥夺第37条第1款第6项、第7项规定的权利。

2.（1982年第28号国家公报新增）如果情节轻微的，处不超过1年的监禁或者缓刑。

第 311 条

1.（2006 年第 75 号国家公报修正）公务员为将公文用作某一不真实的情况或者陈述的证据，而在其职务范围内制作证明该情况或陈述的公文的，处不超过 5 年的监禁，法院同时可以判处剥夺第 37 条第 6 项规定的权利。

2. 如果情节轻微的，处不超过 1 年的监禁或者缓刑。

第 312 条

1. 医生向他人提供虚假的健康证明文书，如果其不是以公务员身份实施这一行为的，处不超过 2 年的监禁或者缓刑。

2. 兽医签发有关动物健康状况的内容失实的文书的，处不超过 1 年的监禁或者缓刑。

第 313 条（1982 年第 28 号国家公报修正）

1.（1993 年第 10 号国家公报修正；2002 年第 92 号国家公报修正与补充；2002 年第 92 号国家公报修正）根据法律、法令、部长会议的法规的规定向有权机关提供用以证明某一情况的真实性的书面声明或以电子手段发送的声明中，证明虚假情况的真实性或者隐瞒真实情况的，处不超过 3 年的监禁或者 100 列弗至 300 列弗的罚金。

2.（1993 年第 10 号国家公报新增；1995 年第 50 号国家公报修正）如果出于逃避缴纳应纳税款的目的而实施第 1 款规定的行为的，处 1 年至 6 年的监禁或者 20 列弗至 250 列弗的罚金。

3.（以前的第 2 款——1993 年第 10 号国家公报修正；2002 年第 92 号国家公报修正与补充）根据法律、法令、部长会议的法规的明确规定有义务对事实进行证明，而在私人文书中或者以电子手段发送的声明中，证明虚假情况的真实性或者隐瞒真实情况，且将其文书作为虚假的已证明情况或陈述的证据的，处与第 1 款相同的刑罚。

4.（1997年第62号国家公报新增）在涉及证券公开销售的创立计划书和经济状况调查报告中，使用不真实的有利资料或者隐瞒不利的资料，而这些资料对有权机关作出是否批准其发行证券的决定具有重要意义的，处不超过3年的监禁，并处不超过500列弗的罚金。

第313条a（1986年第89号国家公报新增；1989年第99号国家公报修正；1993第10号国家公报废止；以前的第313条b——1993年第10号国家公报修正）

1. 以妨碍对被非法占有的国有财产进行全部或者部分没收为目的，在根据《保加利亚共产党、保加利亚农民联合会、祖国阵线、季米特洛夫共产主义青年联合会、反法西斯和资本主义激进战士联合会、保加利亚商业联合会财产法》第4条第2款发表的声明中，虚构事实或者隐瞒真实情况的，处3年至8年的监禁。

2. 在收到要求后拒绝根据前款所述法律中的第4条第2款的规定发表声明的，处2年至6年的监禁。

3. 对实施第1款和第2款规定的行为的，法院还可以判处剥夺第37条第1款第6项和第7项规定的权利。

4. 如果第1款和第2款规定的行为人透露实情将导致其本人、配偶、尊亲属、卑亲属、兄弟姐妹遭受追诉的，则不予处罚。

第313条b（2001第41号国家公报新增；2002年第45号国家公报废止；2006年第102号国家公报新增）

1. 毁灭、隐匿、变造、破坏与国家安全有关或者与保加利亚军队情报工作有关的文件的，处3年至6年的监禁和15000列弗至30000列弗的罚金。

2. 违反接触、公开有关保加利亚国家安全或者军队情报工作的文件的规定，持有这些文件的，处与前款相同的刑罚。

第 314 条

故意被他人作为工具利用，而在根据规定或者个人的申请制作的公文中纳入虚假的情况或者陈述的，处不超过 2 年的监禁或者缓刑。

第 315 条

1. 在带有签发人签名的空白待填写的文书上，填写与被签发对象意志不符合的内容的，分别处以第 308 条和第 309 条规定的刑罚。

2. 以欺骗手段劝说他人签发其内容与被签发对象意志不符的文件的，分别处以前款规定所指的不同刑罚。

第 316 条

故意利用虚假的、伪造的文书、内容不真实的文书或者前条规定的文书，但无法指控其制作了这些文书而追究刑事责任的，应当分别根据本章前述各条规定的刑罚予以处罚。

第 317 条

明知文书是签发人无意承担因此所产生的责任而签发的，但予以非法利用的，处不超过 2 年的监禁或者缓刑。

第 318 条（1982 年第 28 号国家公报修正；1993 年第 10 号国家公报修正；2002 年第 92 号国家公报修正）

以误导有权机关或公共代表为目的，非法使用签发给他人的公文的，处不超过 2 年的监禁或者缓刑或者 100 列弗至 300 列弗的罚金。

第 319 条

明显出于造成他人损失或者为自己或他人提供利益的目的，毁灭、隐匿、破坏他人的文书或者不属于本人的文书的，处不超过 3 年的监禁或者缓刑。

第九章 A　计算机犯罪[①]

第 319 条 a（2002 年第 92 号国家公报新增）

1. 在应当获得许可但未获得许可的情况下进入计算机存储资源、复制、使用其数据的，处不超过 3000 列弗的罚金。

2. 如果第 1 款规定的行为是由二人或者二人以上事先有通谋的人实施的，处不超过 1 年的监禁或者不超过 3000 列弗的罚金。

3. 如果第 1 款规定行为是再次实施的，处不超过 3 年的监禁或者不超过 5000 列弗的罚金。

4.（2004 年第 26 号国家公报修正）针对构成国家秘密的信息实施第 1 款至第 3 款规定的行为，如果未构成其他处罚更为严重的犯罪的，处 1 年至 3 年的监禁。

5. 如果第 4 款的行为造成严重后果的，处 1 年至 8 年的监禁。

第 319 条 b（2002 年第 92 号国家公报新增）

1. 未经计算机的管理人、使用人的许可，添加、删减、破坏计算机程序或数据，情节严重的，处不超过 1 年的监禁或者不超过 2000 列弗的罚金。

2. 实施第 1 款规定的行为，造成重大损失或者其他严重后果的，处不超过 2 年的监禁，并处不超过 3000 列弗的罚金。

3. 以获取财产利益为目的而实施第 1 款行为的，处 1 年至 3 年的监禁，并处不超过 5000 列弗的罚金。

第 319 条 c（2002 年第 92 号国家公报新增）

1. 针对依法获得或者以电子工具或电磁波获得的资料，实施第 319 条 b 规定的犯罪行为的，处不超过 2 年的监禁，并处不超

① 2002 年第 92 号国家公报新增。

过3000列弗的罚金。

2. 以不用再履行义务为目的实施第1款行为的，处不超过3年的监禁，并处不超过5000列弗的罚金。

第319条d（2002年第92号国家公报新增）

1. 将计算机病毒植入计算机或者信息网络中的，处不超过300列弗的罚金。

2. 如果第1款的行为造成重大损失或者是再次实施的，处不超过3年的监禁，并处不超过1000列弗的罚金。

第319条e（2002年第92号国家公报新增）

1. （2004年第26号国家公报修正）散布计算机或者系统的密码，导致个人资料或者构成国家秘密信息泄露的，处不超过1年的监禁。

2. 如果出于贪利目的而实施第1款行为，或者实施第1款行为造成重大损失的，处不超过3年的监禁。

第319条f（2002年第92号国家公报新增）

提供信息服务的人，违反电子文书和电子签名法第6条第2款第5项的规定的，如果没有构成其他处罚更为严重的犯罪的，处不超过5000列弗的罚金。

第十章　破坏公共秩序和治安罪

第320条

1. （以前第320条的内容——2002年第92号国家公报修正）以面向众多的人员进行说教、散发印刷品或者其他类似方法，直白地教唆他人犯罪的，处不超过3年的监禁，但其处罚最重不得超过所教唆之罪的法定刑。

2. （2002年第92号国家公报新增）直白地教唆他人实施第108条第1款规定的犯罪的，处不超过6年的监禁。

第320条a（1985年第41号国家公报新增；2002年第92号国家公报补充；2004年第103号国家公报修正）

威胁他人实施第108条a第1款、第330条、第333条、第334条、第340条、第341条a、第341条b、第342条第3款、第344条、第349条、第350条、第352条第1款规定的犯罪，且其威胁引起他人对其实行犯罪行为产生合理的心理恐惧的，处不超过2年的监禁。

第321条

1.（2002年第92号国家公报修正）建立、领导犯罪集团的，处3年至10年的监禁。

2.（2002年第92号国家公报修正）参加犯罪集团的，处1年至6年的监禁。

3.（1997年第62号国家公报新增；2000年第21号国家公报修正；2002年第92号国家公报修正）如果该集团持有武器的，或者是为了实施第243条、第244条、第253条、第280条、第337条、第339第1款至第4款、第354条a第1款和第2款、第354条b第1款至第4款、第354条c第1款规定的犯罪而建立的，或者有公务员参加的，其处罚为：

（1）对实施第1款规定的行为的，处5年至15年的监禁；

（2）对实施第2款规定的行为的，处3年至10年的监禁。

4.（1997年第62号国家公报新增）犯罪集团的参加者在其本人或集团未实行犯罪之前，自愿向有权机关投案并交代其所知道的全部罪行的，不予处罚。

5.（1997年第62号国家公报新增）参加集团的人主动向有权机关投案并交代其所知道的集团的全部情况，从而便于发现、证明集团所实施的罪行的，应当根据第55条规定的条件进行处罚。

6. （2002 年第 92 号国家公报新增）以获取财产利益或者对有权机关或地方自治政府的活动施加非法影响为目的，组织一人或者一人以上的人在国内外实施处罚为 3 年以上监禁的犯罪的，处不超过 6 年的监禁。

第 321 条 a（1997 年第 62 号国家公报新增）

1. 参与领导以暴力、威胁手段进行交易或者获取利益的组织、集团的，处 3 年至 8 年的监禁。

2. 参加该组织或集团的，处不超过 5 年的监禁。

3. 对于该组织、集团或者参加人通过犯罪活动所获取的财产，如果财产的所有人及其继承人不明的，则应当没收归国有。

4. 第 321 条第 4 款和第 5 款的规定，应当适用于前述各款。

第 322 条

不阻止明显的重大犯罪的实行，如果当时其无重大困难、有能力阻止且不会危及其本人或他人的，处不超过 1 年的监禁或者缓刑。

第 323 条

1. （1982 年第 28 号国家公报修正；1993 年第 10 号国家公报修正；1997 年第 62 号国家公报修正与补充）未经授权且超出依法发布的命令的范围，使用与他人存在争议的不动产或者推定权利，情节严重的，处不超过 5 年的监禁，并处不超过 1000 列弗的罚金。

2. （1982 年第 28 号国家公报修正；1993 年第 10 号国家公报修正；1997 年第 62 号国家公报修正）未经授权而占有已经根据正当的命令被移至他处的不动产的，处不超过 3 年的监禁，并处 500 列弗的罚金。

3. 如果在受到国家有关机关的警告后，行为人立即恢复其实际法律地位的，则不予以处罚。

4. 如果在恢复之后行为人再次实施同一犯罪行为的，则不适用前款的规定。

5.（1995 年第 50 号国家公报新增）如果第 1 款规定的罪行是以暴力、威胁方法实施的，处不超过 6 年的监禁。

第 323 条 a（1973 年第 27 号国家公报新增；1982 年第 28 号国家公报修正；1982 年第 31 号国家公报校正；1993 年第 10 号国家公报修正；2002 年第 92 号国家公报修正；2006 年第 75 号国家公报修正）

1. 未经批准，在耕地、农业用地、牧场上建造建筑物的，处不超过 2 年的监禁或者 1000 列弗至 3000 列弗的罚金。

2. 第 1 款规定的行为是再次实施，或者在有权机关责令停止后继续建造的，处 1 年至 3 年的监禁和 2000 列弗至 5000 列弗的罚金，并处公开训诫。

第 324 条（1982 年第 28 号国家公报修正与补充；1996 年第 89 号国家公报修正；1991 年第 1 号国家公报修正；1993 年第 10 号国家公报修正；2002 年第 92 号国家公报修正；2005 年第 76 号国家公报修正；2006 年第 75 号国家公报修正）

1. 没有相应的合法资格而从事该种职业或者业务的，处不超过 1 年的监禁或者 100 列弗至 300 列弗的罚金。

2.（1982 年第 28 号国家公报修正；1998 年第 83 号国家公报补充；1993 年第 10 号国家公报修正；2002 年第 92 号国家公报修正；2005 年第 76 号国家公报修正；2006 年第 75 号国家公报修正）对于实施第 1 款规定的行为，如果行为人所从事的是与人的健康护理有关的职业或者行业的，处不超过 3 年的监禁，并处 100 列弗至 300 列弗的罚金。医生、牙医、药剂师违反规定从事其职业的，处相同的刑罚。

3.（1986 年第 89 号国家公报新增；1993 年第 10 号国家公报

修正；2002年第92号国家公报修正；2006年第75号国家公报修正）如果前款规定的行为是再次实施的，处1年至5年的监禁和100列弗至300列弗的罚金，法院还可以判处剥夺第37条第1款第6项和第7项规定的权利。

第325条

1. 实施公然侵犯社会秩序且对社会表达公然蔑视的猥亵行为的，构成流氓罪，处不超过2年的监禁或者缓刑，并处公开训诫。

2. 如果行为的实施伴随对有权机关、公共代表履行保护公共秩序职责进行阻抗，或者以极度蔑视或无礼的方式实施行为的，处不超过5年的监禁。

3. （1982年第28号国家公报新增；2004年第103号国家公报修正）如果前述各款规定的行为是再次实施的，其处罚为：

（1）对实施第1款规定的行为的，处不超过3年的监禁；

（2）对实施第2款规定的行为的，处1年至5年的监禁。

4. （以前的第3款；1982年第28号国家公报修正；2002年第92号国家公报修正；2004年第103号国家公报修正）如果第1款和第2款所规定的行为构成危险的累犯的，处1年至6年的监禁。

第326条（1982年第28号国家公报修正；1985年第41号国家公报修正；2002年第92号国家公报修正；2004年第103号国家公报修正）

通过无线电、电话或者其他方法发出虚假的或者易于误导的求救信号、事故信号或者警报的，处不超过2年的监禁。

第327条（1982年第28号国家公报修正与补充；1993年第10号国家公报修正；2002年第92号国家公报修正）

1. 未获相应的许可，组织赌博活动的，处不超过3年的监禁或者100列弗至300列弗的罚金。

2. 虽然已经获得组织赌博的相应许可，但在许可确定的地点之外组织的，处与前款相同的刑罚。

3. 如果前述各款规定的行为被再次实施的，其处罚为：处1年至3年的监禁和10列弗至150列弗的罚金；情节特别严重的，处1年至5年的监禁和50列弗至500列弗的罚金。

4. 明知是未获许可而组织的赌博活动，而有计划地参与的，处不超过1年的监禁或者100列弗至300列弗的罚金。

5. 用于赌博活动的金钱和物品应当没收归国有，如果不知所踪的，则应当裁定犯罪人缴纳同等价值的金钱。

第328条（2002年第92号国家公报修正）

1. （1982年第28号国家公报修正；1993年第10号国家公报修正）以团伙的形式进行流浪的，处不超过2年的监禁或者不超过3列弗的罚金。

2. （2004年第103号国家公报修正）组织、领导这类流浪团体的，处不超过1年的监禁或者缓刑。

3. 不在固定的地方居住且不从事有益于社会的劳动而过流浪生活的，处不超过2年的缓刑。

第329条

1. （1975年第95号国家公报修正；2004年第103号国家公报修正）体格健全的成年人通过不正当的或者不道德的方式获取不劳而获的收入，而持续地不从事有益于社会的劳动的，处不超过2年的监禁或者缓刑。

2. 有计划地从事乞讨的，处不超过2年的缓刑。

第十一章　公共危险罪

第一节　以具有公共危险的方式或者工具实施的犯罪

第330条

1. 放火焚烧建筑物、仓库、农产品或者其他产品、树林、机器、矿山或者其他具有重大价值的财产的，构成纵火罪，处1年至8年的监禁。

2. 有下列情形之一的，处3年至10年的监禁：

（1）如果纵火对他人的生命造成危险的；

（2）如果具有蔓延到上述的其他财产上的危险的；

（3）如果被焚烧的财物是具有历史、科学、艺术价值的物品，或者是其中存放有具有历史、科学、艺术价值物品的建筑物的；

（4）（2002年第92号国家公报新增）如果纵火行为是由执行第321条a规定的组织、集团或者有组织的犯罪集团决定、命令的人实施的；

（5）（2004年第26号国家公报新增）如果被焚烧的树林或者具有重大价值的其他财产位于保护区内的。

3. 如果前款规定的行为造成重大损失的，处3年至12年的监禁；造成行为人不希望发生的致使他人死亡的结果的，处5年至15年的监禁。

第331条

1. 因过失导致前条规定的财产燃烧的，处不超过3年的监禁。

2. （2002年第92号国家公报新增）因放火焚烧收割后的残株，导致森林起火的，处不超过3年的监禁，并处500列弗至

5000 列弗的罚金。

3.（以前的第 2 款——2002 年第 92 号国家公报修正）如果导致人员死亡或者重大损失的，处不超过 5 年的监禁。

第 332 条

行为人出于自己的意志，在造成重大损失之前没有延误地将火扑灭的，不予处罚。

第 333 条

使用爆炸的方式对第 330 条规定的对象进行损坏、毁灭的，分别适用该条各款所规定的刑罚。

第 334 条

1. 造成水灾而使他人的生命、财产面临危险的，处 3 年至 12 年的监禁。

2. 如果造成重大损失的，处 5 年至 15 年的监禁，如果造成行为人所不希望发生的致人死亡的后果的，处 10 年至 15 年的监禁。

第 335 条

1. 因过失导致水灾，使他人的生命、财产面临危险的，处不超过 3 年的监禁。

2. 如果导致死亡结果或者重大损失的，处不超过 5 年的监禁。

第 336 条（1985 年第 41 号国家公报废止）

第 337 条（1985 年第 41 号国家公报修正）

1.（以前第 337 条的内容——1995 年第 50 号国家公报修正；2002 年第 92 号国家公报补充）没有法律规定的权利或未获有权机关的许可，或者不按照所获得的许可，制造、加工、修理、设计、储存、买卖、运输、进口、出口爆炸物、枪支、化学武器、生物武器、核武器或者弹药的，处 1 年至 6 年的监禁。

2. （1995年第50号国家公报新增）如果具有下列情形之一的，处2年至8年的监禁：

（1）公务员滥用其官员地位实施本罪的；

（2）再次实施犯罪且情节严重的。

3. （1995年第50号国家公报新增）如果犯罪对象数量巨大的，处3年至10年的监禁。

4. （1995年第50号国家公报新增）如果犯罪对象数量特别巨大且情节特别严重的，处5年至15年的监禁。

5. （2004年第26号国家公报新增）对第1款至第4款规定的行为之犯罪预备，处不超过2年的监禁。

第338条

1. （1993年第10号国家公报修正；2002年第92号国家公报修正）管理、运输、传递、经营爆炸物、枪支、弹药的人，不采取必要的安全防范措施（尤其是有关的规章、法令、指令专门规定的措施）的，处不超过2年的监禁或者100列弗至300列弗的罚金。

2. （2006年第75号国家公报新增）向未满18周岁的人提供爆炸物、枪支、弹药的，处不超过5年的监禁和不超过5000列弗的罚金。

3. （以前的第2款——2006年第75号国家公报修正）如果第1款和第2款规定的行为导致一人或者一人以上的人中伤、重伤、死亡或者重大财产损失的，处2年至8年的监禁；情节特别严重的，处5年至15年的监禁。

第339条（1982年第28号国家公报修正；1985年第41号国家公报修正）

1. （1982年第28号国家公报修正；1985年第41号国家公报修正；1985年第50号国家公报修正；2002年第92号国家公报补

充）未获正当的许可，以任何方式获取、持有爆炸物、枪支、化学武器、生物武器、核武器或者弹药，或者将其转交他人的，处不超过6年的监禁。

2.（1982年第28号国家公报修正；2002年第92号国家公报补充）如果涉及的爆炸物、枪支、化学武器、生物武器、核武器或者弹药数量巨大的，处3年至8年的监禁。

3.（1982年第28号国家公报修正；1988年第41号国家公报修正；1995年第50号国家公报修正；2002年第92号国家公报补充）将爆炸物、枪支、化学武器、生物武器、核武器转让、转交给未获许可的他人的，处不超过6年的监禁。

4. 将弹药转让、转交给未获持有相应武器许可的他人的，应处与前款相同的刑罚。

5.（1997年第62号国家公报新增；2002年第92号国家公报补充）未获相应的许可，获得爆炸物、枪支、化学武器、生物武器、核武器或者弹药的，处与第1款规定相同的刑罚。

第339条a（1997年第62号国家公报新增）

1. 未获得法律所要求的许可，制造、使用、销售、持有用于秘密收集信息用途的专门技术设备的，处不超过3年的监禁。

2. 专门的技术设备将被没收归国有。

3. 如果公务员利用其职务便利实施前款规定的行为的，处1年至5年的监禁。

第339条b（2004年第26号国家公报新增）

违反联合国安理会、欧洲安全合作组织、欧盟或者部长会议根据保加利亚共和国作为当事方的国际协议颁布的法案之禁止、限制、制裁规定，生产、运输、持有、获取、转让保加利亚部长会议所确定的军民两用的产品或技术的，处不超过6年的监禁，并处不超过200000列弗的罚金。

第二节　危害交通与通信罪

第 340 条

1. （1975 年第 95 号国家公报修正）破坏铁路车辆或铁轨、航空器、汽车、电动交通工具（无轨电车、有轨电车或者其他用于公共运输的类似工具）或设备、器具、隧道、桥梁、沿路的支撑墙体，或者破坏、放任毁坏、搁浅、沉没船只，因而对他人的生命或者重大财产造成危险的，处 5 年至 15 年的监禁。

2. （1975 年第 95 号国家公报新增）毁灭使用中的航空器，或者对其进行破坏使其不能飞行或处于足以危及飞行安全的状态的，处 5 年至 20 年的监禁。

3. （以前的第 2 款——1975 年第 95 号国家公报修正）前款规定行为伴随有下列情形之一的：

（a）造成一人或者一人以上的人中伤或者重伤的，处 8 年至 15 年的监禁；

（b）（1995 年第 50 号国家公报补充；1998 年第 153 号国家公报修正）造成一人或者一人以上的人死亡，无论是否造成 a 项规定的后果，处 10 年至 20 年的监禁、终身监禁或者不可变更的终身监禁。

第 341 条（1975 年第 95 号国家公报修正）

因过失实施第 340 条第 1 款、第 2 款规定的行为，并且造成：

（a）重大财产损失的；

（b）造成一人或者一人以上的人中伤或者重伤，无论是否造成前项规定的后果；

（c）造成一人或者一人以上的人死亡，无论是否造成 a 项和 b 项规定的后果，其处罚为：对 a 项规定的情形，处不超过 3 年的监禁；对 b 规定的情形，处不超过 6 年的监禁；对 c 项规定的情形，处 1 年至 10 年的监禁。

第 341 条 a（1975 年第 95 号国家公报新增）

1. 在航空器中放置可能毁灭或使其不能飞行，或者处于足以危及飞行安全状态的装置、物质，如果没有构成处罚更为严重的其他犯罪的，处 3 年至 10 年的监禁。

2. 以下列方式危及飞行中的航空器的安全的：

（a）毁灭、破坏用于航空交通管理的装置、设备；

（b）宣布、发出明知是虚假的信息或信号，或者放置虚假的标志、移除或移动用于维护交通安全的标志的，处 3 年至 15 年的监禁。

3. 对飞行中的航空器上的人员使用暴力，如果危及航空器的安全，但尚未构成处罚更为严重的其他犯罪的，处 5 年至 10 年的监禁。

4. 实施前述各款规定的行为，造成一人或者一人以上的人中伤、重伤或者死亡的，分别适用第 340 条第 3 款规定的各档次刑罚。

5. 因过失实施第 1 款规定的行为造成第 341 条规定的后果的，应当分别适用该条规定刑罚。

第 341 条 b（1975 年第 95 号国家公报新增）

1. 在地面或者飞行中对航空器进行劫持，或者对这类航空器建立控制的，处不超过 10 年的监禁。

2. 如果以暴力、威胁的方式实施前款规定的行为的，处 3 年至 12 年的监禁。

3. 如果实施前款各款规定的行为导致下列结果之一的：

（a）对航空器造成重大损坏的；

（b）造成一人或者一人以上的人中伤或者重伤，无论是否造成前项规定的后果；

（c）（1998 年第 153 号国家公报修正；2006 年第 75 号国家公报修正）造成一人或者一人以上的人死亡，无论是否造成 a 项和 b 项规定的后果的，

其处罚为：针对 a 项和 b 项规定的情形，处不超过 15 年的监禁；针对 c 项规定的情形，处 10 年至 20 年的监禁或者不可变更的终身监禁，同时法院还可以判处剥夺第 37 条第 1 款第 6 项至第 10 项规定的权利。

第 341 条 c（1975 年第 95 号国家公报新增；1985 年第 41 号国家公报废止）

第 342 条

1.（1975 年第 95 号国家公报修正；1982 年第 28 号国家公报修正）在驾驶铁路车辆、航空器、机动车、船只、军用或者专用交通工具的过程中，违反交通规则，导致他人的身体伤害或者死亡的，处不超过 2 年的监禁或者缓刑。

2.（1982 年第 28 号国家公报新增）交通工人或者雇员违反运营规则或者有关对火车车辆、道路、装置进行维修以确保其处于良好质量状态的规定，容认造成他人中伤、重伤或死亡危险的，处以与前款相同的刑罚。

3.（以前的第 2 款——1982 年第 28 号国家公报修正）如果前款规定行为是故意造成他人死亡、身体伤害或者重大财产损失的，其处罚为：

（a）导致重大的财产损失的，处 1 年至 10 年的监禁；

（b）导致一人或者一人以上的人中伤或者重伤的，无论是否造成财产损失，处 3 年至 12 年的监禁；

（c）（1998 年第 85 号国家公报修正）导致一人或者一人以

上的人死亡的，无论是否造成 a 项和 b 项的后果，处 10 年至 20 年的监禁；情节特别严重的，处 15 年至 20 年的监禁或者终身监禁。

4.（以前的第 3 款——1982 年第 28 号国家公报修正；1986 年第 89 号国家公报修正；2006 年第 75 号国家公报修正）针对第 3 款 a 项和 b 项规定的情形，法院还应当判处剥夺第 37 条第 1 款第 6 项、第 7 项规定的权利；针对 c 项规定的情形，还应当判处永久性地剥夺第 37 条第 1 款第 6 项、第 7 项规定的权利。

第 343 条（1968 年第 29 号国家公报补充；1975 年第 95 号国家公报修正；1978 年第 54 号国家公报修正；1982 年第 28 号国家公报修正）

1. 因过失实施前条规定的行为，导致下列结果之一的，其处罚为：

（a）造成重大财产损失的，处 1 年的监禁或者缓刑；

（b）造成重伤或中伤，无论是否造成 a 项规定的后果：对重伤的情形，处不超过 4 年的监禁；对中伤的情形，处不超过 3 年的监禁或者缓刑；

（c）造成死亡结果的，无论是否造成 a 项规定的后果，处不超过 6 年的监禁。

2.（2002 年第 92 号国家公报新增；2005 年第 86 号国家公报修正）对第 1 款 a 项和 b 项规定的行为，如果被害人不提出追诉请求的，则对行为人不予以处罚。

3.（2000 年第 21 号国家公报补充；以前的第 2 款——2002 年第 92 号国家公报修正；2006 年第 75 号国家公报修正）如果行为是在醉态中或是在施用了毒品或其类似物之后实施的，或者导致一个或一个以上的人的身体伤害或者死亡的，或者行为人从事故现场逃跑的，其处罚为：

（a）造成重伤或者中伤的，处不超过 5 年的监禁，情节特别严重的，处不超过 8 年的监禁；

（b）造成死亡结果的，处 3 年至 10 年的监禁，情节特别严重的，处 5 年至 15 年的监禁。

4.（以前的第 3 款——2002 年第 92 号国家公报修正）如果造成一人或者一人以上的人死亡或者身体伤害的，处前条 b 项规定的刑罚。

第 343 条 a（1982 年第 28 号国家公报新增）

1.（以前第 343 条 a 的内容——2002 年第 92 号国家公报修正）如果行为人在实施前条规定的行为之后，竭其所能地向受害的伤者提供援助的，按下列规定进行处罚：

（a）对于第 343 条第 1 款 b 项所规定的情形，造成重伤的，处不超过 3 年的监禁；造成中伤的，处不超过 2 年的监禁或者缓刑；

（b）对于第 343 条第 1 款 c 项所规定的情形，处不超过 4 年的监禁；

（c）对于第 343 条第 3 款 a 项所规定的情形，造成一人或者一人以上的人中伤或者重伤的，处不超过 4 年的监禁；情节特别严重的，处不超过 6 年的监禁；

（d）对于第 343 条第 3 款 b 项所规定的情形，造成一人或者一人以上的人死亡的，处 2 年至 10 年的监禁；情节特别严重的，处 3 年至 12 年的监禁。

2.（2002 年第 92 号国家公报新增；2005 年第 86 号国家公报修正）如果第 343 条第 1 款 a 项行为的被害人没有提出追诉请求的，则对行为人不予处罚。

第 343 条 b（1982 年第 28 号国家公报新增；1995 年第 50 号国家公报修正）

1. 在血液酒精浓度超过根据有关规定确定的1.2毫克/毫升标准时驾驶交通工具的，处不超过1年的监禁。

2. （2002年第92号国家公报修正）在曾经因为实施第1款规定行为而被生效的判决认定有罪之后，在血液酒精浓度超过根据有关规定确定的0.5毫克/毫升标准的情况下驾驶交通工具的，处不超过2年的监禁和100列弗至300列弗的罚金。

3. （2000年第21号国家公报新增）在使用了毒品或其类似物之后驾驶机动交通工具的，处不超过2年的监禁。

第343条c（1995年第50号国家公报新增）

1. 在剥夺驾驶机动交通工具权利期间，因违反规定通过行政程序被处罚一次之后再次违反的，处不超过2年的监禁。

2. 因为无相应的驾驶许可证而通过行政程序被处罚之后1年以内再次实施这种行为的，处与前款相同的刑罚。

第343条d（1995年第50号国家公报新增；2006年第75号国家公报修正）

对实施第343条、第343条a、第343条b和第343条c第1款规定的行为的，法院还应当判处剥夺第37条第1款第6项和第7项规定的权利。

第344条

1. （1975年第95号国家公报修正）拿走、移动用以保护铁路、水上运输交通、电力输送安全的标志、信号，或者放置虚假的标志或者发出虚假的信号，使他人的人身、财产面临危险的，处不超过5年的监禁。

2. （1982年第28号国家公报修正；1993年第10号国家公报修正；2002年第92号国家公报修正）对机动交通运输的标志实施这些行为的，处不超过2年的监禁或者100列弗至300列弗的罚金。

第 345 条（1982 年第 28 号国家公报修正；1993 年第 10 号国家公报修正；2002 年第 92 号国家公报修正）

使用颁发给他人的机动交通工具的管理标志或者非有权机关颁发的管理标志的，处不超过 1 年的监禁或者 100 列弗至 300 列弗的罚金。

第 345 条 a（2000 年第 21 号国家公报新增）

1. 违反规定清除、伪造机动交通工具的鉴别号码的，处 3 年至 10 年的监禁，并处 5000 列弗至 10000 列弗的罚金。

2. 如果前款行为是再次实施的，处 3 年至 12 年的监禁，并处 5000 列弗至 15000 列弗的罚金。

3. 如果伪造机动交通工具部件的鉴别号码的，处不超过 3 年的监禁或者不超过 3000 列弗的罚金。

第 346 条

1. （1996 年第 107 号国家公报修正；1997 年第 62 号国家公报修正）以使用为目的，未经所有人同意，非法开走其交通工具的，处 1 年至 8 年的监禁。

2. （1986 年第 89 号国家公报修正；1986 年第 90 号国家公报补充；1996 年第 107 号国家公报修正；1997 年第 62 号国家公报修正）如果具有下列情形之一的，处 1 年至 10 年的监禁：

（1）伴随有交通工具毁坏或者将其抛弃而失去控制的；

（2）在醉态中实施该行为或者实施该行为超过两次的；

（3）实施第 195 条第 1 款第 1 项至第 6 项规定的侵占的；

（4）（2004 年第 26 号国家公报新增）出于从机动交通工具的返还中获取物质利益的目的，实施侵占的。

3. （2004 年第 26 号国家公报新增）向归还被侵占交通工具而索取物质利益的人提供帮助的，处与第 2 款规定相同的刑罚。

4. （1982 年第 28 号国家公报新增；1997 年第 62 号国家公报

修正；以前的第 3 款——2004 年第 26 号国家公报修正）对实施前述各款规定的行为的，法院还应当判处剥夺其驾驶机动交通工具的权利。

5.（以前的第 3 款——1982 年第 28 号国家公报修正；1997 年第 62 号国家公报修正；以前的第 4 款——2004 年第 26 号国家公报修正）为了侵占机动交通工具或者获取其所有权而使用暴力威胁的，处 3 年至 12 年的监禁，并处剥夺其驾驶机动交通工具的权利，同时法院还可以判处不低于犯罪人财产 1/2 份额的没收财产。

6.（1997 年第 62 号国家公报新增；以前的第 5 款——2004 年第 26 号国家公报修正）行为由第 142 条第 2 款第 6 项和第 8 项规定的人实施，或者由组织、集团委派的人实施的，或者企图将该机动交通工具出口到国境之外的，或者以序列号和注册号被改变的机动交通工具为对象的，处与前款相同的刑罚。

第 346 条 a（2004 年第 26 号国家公报新增）

如果行为人在法院一审的法庭调查结束之前返还被其侵占的机动交通工具的，对其处罚为：

1. 实施第 346 条第 1 款规定的行为的，处不超过 5 年的监禁；

2. 实施第 346 条第 2 款第 4 项规定的行为的，如果返还行为发生于获得物质利益之前的，处不超过 8 年的监禁。

第 346 条 b（2000 年第 21 号国家公报新增；以前的第 346 条 a 的内容——2004 年第 26 号国家公报修正）

未经所有人的同意非法进入他人的机动交通工具的，处不超过 3 年的监禁或者不超过 3000 列弗的罚金。

第 347 条

1. 毁坏电报、电话、电传设备或线路、电视、无线电设备、配电设备，中断、阻碍通信的，处不超过5年的监禁。

2.（1982年第28号国家公报修正；1993年第10号国家公报修正；2002年第92号国家公报修正）过失实施该行为的，处不超过1年的监禁或者缓刑或者100列弗至300列弗的罚金。

第348条（1993年第10号国家公报修正）

实施下列行为的人，处不超过5年的监禁和100列弗至300列弗的罚金，无线电设备应当没收归国有：

（a）未获书面许可，设立、持有、使用在空中发送信号的无线电设备的；

（b）不提供规定的全部资料进行事先登记而使用在空中发送信号的无线电设备，或者出于许可证所不允许的目的而使用的；

（c）未获事先的书面许可而改变在空中发送信号的无线电设备的登记资料的；

（d）（2002年第92号国家公报修正）妨碍或者干扰无线电通信、无线电广播、电视或无线电广播的转播器、无线电转播中心的活动的。

第348条a（2004年第26号国家公报新增）

1. 为了本人或者他人的利益，以导体、无线电波、光学镜或者其他转换中介为工具，使用欺骗或者其他非法方法，使用电信网络、设备、服务进行指定的信号、书面内容、图像、声音、数据或者任何种类的通信的传递或者转换的，处不超过6年的监禁和不超过10000列弗的罚金。

2. 第1款行为的实施具有下列情形之一的，处不超过8年的监禁和1000列弗至5000列弗的罚金：

（1）由二人或者二人以上的事先有通谋的人实施，且不属于情节轻微的；

（2）使用未登记注册的电信设备的；

（3）再次实施的。

3. 实施第 1 款规定的行为，且情节轻微的，处不超过 1 年的监禁或者缓刑。

第 348 条 b（1982 年第 28 号国家公报新增；以前的第 348 条 a 的内容——2004 年第 26 号国家公报修正）

如果第 343 条规定的财产损失和身体伤害是由被害人的配偶、尊亲属、卑亲属、兄弟姐妹造成的，只能根据被害人的告诉提起刑事追诉程序。如果被害人没有提出告诉或者撤回告诉的，则应当通过行政程序剥夺其驾驶机动交通工具的权利。

第三节　危害国家卫生与环境罪[1]

第 349 条

1. 故意地在水井、泉水、水管或者其他供大众汲水或者利用其汲水的器具中，放置危及生命、健康的物品或者准许这种物品存在其中的，处 2 年至 8 年的监禁。

2.（1995 年第 50 号国家公报补充；1998 年第 153 号国家公报修正）如果行为造成重伤后果的，处 3 年至 10 年的监禁；如果造成死亡结果的，处 10 年至 20 年的监禁、终身监禁或者不可变更的终身监禁。

3.（1985 年第 41 号国家公报修正）以传染他人为目的传播携带传染病病原体的物品的，分别处以前述各款规定的刑罚。

第 349 条 a（1997 年第 62 号国家公报新增）

1. 违反摘取、捐献、移植人体器官、组织的规定的，处 1 年至 3 年的监禁。

---

① 2004 年第 26 号国家公报补充。

2. 如果出于贪利性目的而实施该行为的，处 3 年至 5 年的监禁。

第 350 条（2004 年第 26 号国家公报修正）

1. 以产生、含有危害健康物质的方法制作供众人食用的食品、饮料的，或者销售、待售或以任何方式流通这些食品、饮料的，处不超过 5 年的监禁。

2. 违反供公众使用的有关动物、生的原料、食品、饮料的获取、生产、加工、储存、交易的管理规定，使他人的健康、生命面临危险的，处不超过 3 年的监禁。

3. 如果第 1 款和第 2 款规定的行为造成他人中伤的，处不超过 6 年的监禁；如果造成他人重伤的，处 1 年至 8 年的监禁；如果造成他人死亡的，处 3 年至 15 年的监禁。

第 350 条 a（2004 年第 26 号国家公报新增）

违反法律的规定在市场中生产、提供食料、动物食品或者兽用产品、饮料，使其生命、健康面临危险的，处不超过 3 年的监禁。

第 351 条

1. 因过失实施第 349 条和第 350 条规定的行为的，处不超过 2 年的监禁或者缓刑。

2. 在这些案件中如果伴随造成他人死亡的结果的，处不超过 5 年的监禁。

第 352 条

1. （1975 年第 95 号国家公报修正；1991 年第 86 号国家公报修正；1997 年第 85 号国家公报修正；2004 年第 26 号国家公报修正）污染或者容认污染水流、水洼、地下水、领海、内海、土壤、空气，使人、动物、植物面临危险或者使前述对象不能用于文化、家庭、健康、农业或者其他经济需要的，处不超过 5 年的监禁，并处100列弗至5000列弗的罚金。

2.（2004年第26号国家公报修正）公务员在设计、建造、运营排水、灌溉系统的过程中，不采取必要的措施防止对饮用水供应地区的污染，或者提高居住区或名胜区之地下水的水位，或者容认这种危险的，处与前款相同的刑罚。

3.（1993年第10号国家公报修正；2002年第92号国家公报修正）因过失实施前述各款规定行为的，处缓刑或者100列弗至300列弗的罚金。

4.（1975年第95号国家公报新增；1982年第28号国家公报修正；1993年第10号国家公报修正；2002年第92号国家公报修正）对实施前述各款规定的行为，且情节轻微的，其处罚为：对实施第1款规定的行为的，处100列弗至300列弗的罚金；对实施第3款规定的行为的，通过行政程序处以3列弗至10列弗的罚款。

第352条a（1975年第95号国家公报新增）

1.（1991年第86号国家公报修正；1997年第85号国家公报修正）以石油产品及其衍生品污染领海、内海或者保加利亚共和国作为当事方的国际协议所规定的海域，或者容认这种污染存在的，处1年至5年的监禁和不超过20000列弗的罚金。

2.（1993年第10号国家公报修正）因过失实施前款行为的，处不超过3年的监禁，并处不超过500列弗的罚金。

3.（1982年第28号国家公报补充；1993年第10号国家公报修正；2002年第92号国家公报修正）对实施前款行为情节轻微的，通过行政程序处以100列弗至300列弗的罚款。

4.（1993年第10号国家公报修正）海船或者其他船只的船长不在最近的港口尽快地公布其在第1款规定的水域丢弃的石油产品及其衍生品或其他对人、动植物存在危险的物质的，处不超过500列弗的罚金。

5.（1982年第28号国家公报补充；1993年第10号国家公报修正；2002年第92号国家公报修正）船长或者其他受船舶命令约束的人，不履行其应将对人、动物、植物存在危险的物质的运营情况记载于船舶运营文件的职责，在其中对运营情况作虚假记载，或者拒绝向有关的公务员提交这些文件的，应当通过行政程序处以100列弗至300列弗的罚金。

第353条

1.（1975年第95号国家公报修正；1991年第86号国家公报修正；2002年第92号国家公报修正）公务员在其没有安装、运行必要的净化设备之前，批准或者指示批准企业、热力发电厂进行运营的，处不超过3年的监禁，并处100列弗至300列弗的罚金。

2. 官员不履行其建造净化设备、使这些设备处于能够使用并且处于持续的正常运转状态的职责，而使这些设备全部或者部分不能运转或者中断运转的，处与前款相同的刑罚。

3.（1993年第10号国家公报修正；2002年第92号国家公报修正）因过失实施前述各款行为的，处缓刑或者100列弗至300列弗的罚金。

4.（1975年第95号国家公报新增；1982年第28号国家公报修正和补充；1993年第10号国家公报修正；2002年第92号国家公报修正）实施前述各款行为情节轻微的，其处罚为：对实施第1款和第2款的行为的，处100列弗至300列弗的罚金；对实施第3款规定的行为的，通过行政程序处以100列弗至300列弗的罚款。

第353条a（1991年第86号国家公报新增；1997年第85号国家公报修正）

公务员在其职责范围之内隐瞒有关环境或其某一组成部分（空气、水、土壤、海域）状况的真实情况，或者宣布有关的不真实的信息，对环境、生命、人的健康造成重大损失的，处不超过5年的监禁，并处100列弗至1000列弗的罚金。

第353条b（1997年第62号国家公报新增；2002年第92号国家公报补充）

违反保加利亚共和国作为当事方的国际协议，携带危险废物、有毒化学物质、细菌、毒素、放射性物质通过国境的，处1年至5年的监禁，并处1000列弗至3000列弗的罚金。

第353条c（1997年第62号国家公报新增）

公务员违反或者不履行其收集、储存、运输危险废物并进行无毒化处理的职责的，处不超过1年的监禁。

第353条d（2004年第26号国家公报新增）

违反法律规定建造取水设备或者利用地表水或地下水的设备的，处不超过2年的监禁，并处5000列弗至15000列弗的罚金。

第353条e（2004年第26号国家公报新增）

违反法律规定，将矿泉水用于经济活动的，处不超过1年的监禁，并处不超过5000列弗的罚金。

第354条（2002年第92号国家公报修正）

1.（1975年第95号国家公报修正；1982年第28号国家公报修正；1993年第10号国家公报修正；2002年第92号国家公报修正；2006年第75号国家公报修正）未获正当的许可大量生产、获取、转让、持有不属于毒品的实行许可证管理制度的烈性或者有毒物质的，处不超过2年的监禁或者100列弗至300列弗的罚金。

2.（1993年第10号国家公报修正；2002年第92号国家公报修正；2006年第75号国家公报修正）有计划地实施第1款规定

的行为的，处不超过 3 年的监禁，并处 100 列弗至 300 列弗的罚金。

3. 犯罪对象应当没收归国家所有。

4.（1975 年第 95 号国家公报新增；1993 年第 10 号国家公报修正；2004 年第 103 号国家公报修正；2006 年第 75 号国家公报修正）违反第 1 款所指物质的生产、获取、持有、记录、消费、运输管理规定的，处不超过 2 年的监禁或者缓刑或者 100 列弗至 300 列弗的罚金。

第 354 条 a（1975 年第 95 号国家公报新增；1993 年第 10 号国家公报修正；1997 年第 62 号国家公报修正；2000 年第 21 号国家公报修正；2006 年第 75 号国家公报修正）

1.（1993 年第 10 号国家公报修正；1997 年第 62 号国家公报修正；2000 年第 21 号国家公报修正；2006 年第 75 号国家公报修正）未获正当的许可，以扩散为目的生产、加工、获取、持有毒品或其类似物并予以扩散的，其处罚为：属于高度危险的毒品的，处 2 年至 8 年的监禁和 5000 列弗至 20000 列弗的罚金；属于一般危险的毒品的，处 1 年至 6 年的监禁和 2000 列弗至 10000 列弗的罚金；犯罪对象为毒品的前体物质、制毒设备或者制毒原料的，处 3 年至 12 年的监禁和 20000 列弗至 100000 列弗的罚金。

2. 如果毒品或其类似物数量巨大的，处 3 年至 12 年的监禁和 10000 列弗至 50000 列弗的罚金。未获正当的许可，以在公共场所扩散为目的获取、持有毒品或其类似物，数量特别巨大或伴随有下列情形之一的，处 5 年至 15 年的监禁，并处 20000 列弗至 100000 列弗的罚金：

（1）由执行有组织犯罪集团犯罪任务或者决定的人实施的；

（2）由医生、药剂师实施的；

（3）向监护人、教师、教育机构领导人、监禁场所的公务员实施的；

（4）构成危险的累犯的。

3. 未获正当的许可，以获取、持有毒品或其类似物牟利的，其处罚为：

（1）属于高度危险的毒品或其类似物的，处1年至6年的监禁和200列弗至10000列弗的罚金；

（2）属于一般危险的毒品或其类似物的，处不超过5年的监禁和1000列弗至5000列弗的罚金。

4. 违反关于毒品的生产、获取、持有、记录、消费、运输的管理规定的，处不超过5年的监禁和不超过5000列弗的罚金，同时法院还可以判处剥夺第37条第1款第6项和第7项规定的权利。

5. 实施第3款和第4款规定的行为，且情节轻微的，处不超过1000列弗的罚金。

6. 对第1款至第5款规定行为的犯罪对象，应当没收归国家所有。

第354条b（1975年第95号国家公报新增）

1.（1997年第62号国家公报修正；2000年第21号国家公报修正；2006年第75号国家公报修正）劝导、帮助他人使用毒品或其类似物的，处1年至8年的监禁，并处5000列弗至10000列弗的罚金。

2.（1997年第62号国家公报修正；2000年第21号国家公报修正）实施第1款的行为且具有下列情形之一的，处3年至10年的监禁和20000列弗至50000列弗的罚金，实施第3项规定的情形，法院还应当判处剥夺第37条第1款第6项和第7项规定的权利：

（1）针对未成年人或者精神病人实施的；

（2）针对二人或者二人以上的人实施的；

（3）（2006 年第 75 号国家公报修正）由医生、药剂师、监护人、教育机构领导人、履行职务过程中的羁押场所的公务员实施的；

（4）（2006 年第 75 号国家公报修正）在公共场所实施的；

（5）（2006 年第 75 号国家公报修正）通过大众传媒实施的；

（6）（2006 年第 75 号国家公报修正）构成危险的累犯的。

3.（2000 年第 21 号国家公报新增；2006 年第 75 号国家公报修正）向他人提供大量的有导致死亡危险的毒品或其类似物，或者已经导致他人死亡的，处 15 年至 20 年监禁，并处 100000 列弗至 300000 列弗的罚金。

4.（1993 年第 10 号国家公报修正；1997 年第 62 号国家公报修正；以前的第 3 款——2000 年第 21 号国家公报修正；2006 年第 75 号国家公报修正）有计划地向不特定的人提供建筑物用以使用毒品，或者组织他人使用毒品的，处 1 年至 10 年的监禁，并处 5000 列弗至 20000 列弗的罚金。

5.（1993 年第 10 号国家公报修正；1997 年第 62 号国家公报修正；以前的第 4 款——2000 年第 21 号国家公报修正；2006 年第 75 号国家公报修正）医生故意违反规定为他人开具毒品或其类似物或者含有这些物质的药品的，处不超过 5 年的监禁和不超过 3000 列弗的罚金，并处第 37 条第 1 款第 6 项和第 7 项规定的权利。

6.（以前的第 5 款——2000 年第 21 号国家公报修正；2004 年第 26 号国家公报修正）如果前款规定的行为是重复实施的，处 1 年至 6 年的监禁和不超过 5000 列弗的罚金，并处剥夺第 37 条第 1 款第 6 项和第 7 项规定的权利。

第 354 条 c（1975 年第 95 号国家公报新增；1997 年第 62 号国家公报修正；2000 年第 21 号国家公报修正）

1.（2006年第75号国家公报修正）违反《毒品及其前体物质控制法》的规定，种植、培育罂粟、古柯树、大麻类植物的，处2年至5年的监禁和5000列弗至10000列弗的罚金。

2.（2006年第75号国家公报修正）组织、领导资助种植第1款规定的植物或者提取、生产、加工毒品的犯罪集团的，处10年至20年的监禁或者终身监禁，并处50000列弗至200000列弗的罚金。

3.（2006年第75号国家公报修正）参加前款所规定的犯罪集团的，处3年至10年的监禁和5000列弗至10000列弗的罚金。

4.（2006年第75号国家公报修正）犯罪集团的参加人自动向有权机关告发其所知道的犯罪集团的全部活动的，不予处罚。

5. 对实施第1款规定的行为情节轻微的，处不超过1年的监禁和不超过1000列弗的罚金。

第355条（1982年第28号国家公报修正；1993年第10号国家公报修正）

1.（1993年第10号国家公报修正；2002年第92号国家公报修正）对实施违反有关防止传染病出现和在人与人之间传播的法令的行为的，处缓刑或者100列弗至300列弗的罚金。

2. 在有致人死亡危险的传染病发生时实施前款行为的，处不超过1年的监禁或者缓刑。

3.（1982年第28号国家公报修正；1993年第10号国家公报修正；2002年第92号国家公报修正）实施违反食物中毒防止法的行为的，处缓刑或者100列弗至300列弗的罚金。

第356条

1. 在设计、管理、施工的过程中，违反建造、卫生、用火安全规定，使他人的生命面临危险的，处不超过2年的监禁。

2. 因过失违反前款所述的规定的，处不超过1年的监禁或者缓刑。

第四节　其他公共危险犯罪①

第356条a（2000年第21号国家公报修正；2004年第26号国家公报补充）

对第330条、第333条、第334条、第340条、第341条a、第341条b、第342条第3款、第344条、第349条、第350条、第352条第1款、第353条、第353条e、第354条、第354条a和第354条行为的犯罪预备，如果未构成处罚更为严重的其他犯罪的，处3年至8年的监禁，但处罚不能重于各该条之罪所规定的刑罚。

第356条b

1. 在保加利亚共和国境内的外国公民为在国外实施第242条第2款和第3款规定之罪行或者第356条a规定的部分罪行，实施犯罪预备行为的，处不超过5年的监禁，但处罚不能重于各该条之罪所规定的刑罚。

2. 为了实施前款犯罪而建立组织、集团的，处1年至6年的监禁，对组织者和领导者，处3年至8年的监禁，但处罚不能重于各该条之罪所规定的刑罚。

第356条c（2000年第21号国家公报废止）

第五节　妨害和平利用核能罪②

第356条d

1. （1993年第10号国家公报修正；2002年第92号国家公报

① 1985年第41号国家公报新增。

② 1985年第79号国家公报新增；1995年第80号国家公报校正。

修正）公务员命令、容认未获许可、在根据《和平利用核能法》规定签发许可证之前或者违背所获许可开始、进行这些使用核能的活动的，处不超过 2 年的监禁或者缓刑或者 100 列弗至 300 列弗的罚金。

2. 如果前款规定的行为是再次实施的，或者对他人的生命、健康产生了迫切的危险的，处不超过 3 年的监禁。

第 356 条 e（1993 年第 10 号国家公报修正；2002 年第 92 号国家公报修正）

公务员委任不具备必备资质的人管理核材料、核设备或其他放射源的，处不超过 1 年的监禁或者缓刑或者 100 列弗至 300 列弗的罚金。

第 356 条 f

1. 毁灭核材料、核设备或其他放射源，造成他人重大财产损失或环境破坏，或者对他人的生命、健康造成危险的，处 5 年至 15 年的监禁。

2. 如果前款的行为造成下列后果的，其刑罚为：

（a）造成一人或者一人以上的人中伤或者重伤的，处 8 年至 15 年的监禁；

（b）（1995 年第 50 号国家公报修正；1998 年第 153 号国家公报修正）造成一人或者一人以上的人死亡，无论是否发生 a 项规定的结果，处 10 年至 20 年的监禁、终身监禁或者不可变更的终身监禁。

第 356 条 g

因过失实施前款行为：

（a）造成重大财产损失的；

（b）无论是否造成 a 项规定的后果，造成一人或者一人以上的人中伤或者重伤的；

（c）无论是否造成 a 项和 b 项规定的后果，造成一人或者一人以上的人死亡的，

其处罚为：对 a 项规定的行为，处不超过 5 年的监禁；对 b 项规定的行为，处不超过 8 年的监禁；对 c 项规定的行为，处 3 年至 15 年的监禁。

第 356 条 h

1. 明知有可能会造成身体伤害或者死亡结果而违反核安全和放射性安全规定的，处不超过 3 年的监禁。

2. 违反核安全和放射性安全规定，造成他人重大财产损失、身体伤害或者死亡后果的，其处罚为：

（a）造成重大财产损失的，处 5 年至 15 年的监禁；

（b）无论是否造成 a 项规定的后果，造成一人或者一人以上的人中伤或者重伤的，处 5 年至 20 年的监禁；

（c）（1995 年第 50 号国家公报补充；1998 年第 153 号国家公报修正）无论是否造成 a 项和 b 项规定的后果，造成一人或者一人以上的人死亡的，处 10 年至 20 年的监禁、终身监禁或者不可变更的终身监禁。

第 356 条 i

因过失实施前款规定的行为，造成：

（a）重大财产损失；

（b）一人或者一人以上的人中伤或者重伤，无论是否出现 a 项规定的后果；

（c）一人或者一人以上的人死亡，无论是否出现 a 项和 b 项规定的后果，

其处罚为：因过失实施前条 a 项规定的行为的，处不超过 5 年的监禁；因过失实施前条 b 项规定的行为的，处不超过 8 年的监禁；因过失实施前条 c 项规定的行为的，处不超过 15 年的

监禁。

第356条j（1985年第79号国家公报修正；2006年第75号国家公报修正）

对实施第356条f第2款、第356条g之b项和c项、第356条h第2项、第356条I之b项和c项规定的行为，法院还应当剥夺犯罪人第37条第6项和第7项规定的权利。

第356条k（2004年第26号国家公报修正）

1. 未获正当的许可而获取、持有、运输、携带核材料、放射源或者其成分的，处1年至6年的监禁。

2. 如果第1款行为导致下列后果的，其处罚为：

（1）对他人的生命、健康造成危险的，处2年至8年的监禁；

（2）造成行为人不希望或不容认的致使他人中伤或者重伤的，处5年至10年的监禁；

（3）造成行为人不希望或不容认的一个或一个以上的人死亡的，处8年至15年的监禁，并处10000列弗至20000列弗的罚金。

第十二章　危害国防能力、国家秘密和外国情报罪[①]

第一节　危害国家秘密和外国情报罪

第357条

1. （以前的第2款——1975年第95号国家公报废止；原第1

① 2004年第26号国家公报补充。

款——2004 年第 26 号国家公报修正）泄露其受委托管理的属于国家秘密的信息或因为职务、工作关系而知悉的国家秘密的，或者其他人明知会损害保加利亚共和国的利益而泄露这类秘密的，如果未构成处罚更为严重的其他犯罪的，处不超过 5 年的监禁。

2.（以前的第 3 款——1975 年第 95 号国家公报修正）如果该行为对保加利亚共和国的国家安全造成或可能造成特别严重的危害后果的，处 3 年至 10 年的监禁。

3.（2004 年第 26 号国家公报新增）泄露根据保加利亚共和国作为当事方的国际协议所获得的国外情报的，处与第 1 款和第 2 款规定相同的刑罚。

第 357 条 a（1993 年第 10 号国家公报修正；2004 年第 26 号国家公报修正）

第 357 条 b（2001 年第 41 号国家公报修正；2004 年第 26 号国家公报修正）

第 358 条

1.（2004 年第 26 号国家公报修正）丢失含有属于国家秘密或者根据保加利亚共和国作为当事方的国际协议所获得的国外情报内容的文件、印刷品、材料的，处不超过 2 年的监禁或者缓刑。

2. 如果该行为造成或者可能造成特别严重的后果的，处不超过 5 年的监禁。

第 359 条

1.（2004 年第 26 号国家公报修正）因过失为泄露国家秘密或者根据保加利亚共和国作为当事方的国际协议所获得的国外情报提供机会的，处不超过 2 年的监禁或者缓刑。

2.（2004 年第 26 号国家公报修正）如果前款行为是因为行为人不遵守保密情报的规定要求而导致的，处不超过 3 年的监禁。

第 360 条

泄露虽然不属于国家秘密但法律、命令或行政规章禁止泄露的军事、经济或其他信息的，处不超过 1 年的监禁或者缓刑。

第二节　妨害兵役罪

第 361 条

1. 保加利亚公民逃避兵役的，处不超过 3 年的监禁。

2. （2004 第 103 号国家公报修正；2006 年第 75 号国家公报修正）预备役人员在发布动员令时不报到的，处不超过 3 年的监禁或者缓刑。

第 362 条

以造成伤残或者其他方法故意使自己或者他人不能履行兵役义务的，处不超过 5 年的监禁。

第 363 条

使用骗术使自己或者他人免除、逃避兵役义务的，处不超过 3 年的监禁。

第 364 条

1. 在发布动员令时逃避兵役义务的，处 1 年至 5 年的监禁。

2. 如果上述行为的行为人以逃避其全部兵役义务为目的而逃跑的，处 3 年至 10 年的监禁。

3. （1998 年第 153 号国家公报修正）如果第 2 款规定的行为是在战时实施的，处 5 年至 20 年的监禁或者不可变更的终身监禁。

第 365 条

公务员为符合服兵役的年轻人的兵役状况或健康状况出具虚

假的信息，或者制作不完整、不真实的表格，或者纵容他人替代应当服役的青年人的，处不超过 2 年的监禁或者缓刑。

第 366 条（1982 年第 28 号国家公报修正；1993 年第 10 号国家公报修正；2002 年第 92 号国家公报修正）

违反有关对人、动物、交通工具或其他军事装备出具军事报告的义务（不包括特别法对其军事报告作出专门规定的物品），如果未构成更为严重的其他犯罪的，处不超过 2 年的监禁，并处 100 列弗至 300 列弗的罚金；如果是在战时实施该行为的，处 3 年至 10 年的监禁，并处 100 列弗至 300 列弗的罚金。

第 367 条

1. 不执行有关准备动员、进行动员的命令，或者妨碍其正常执行的，处 1 年至 8 年的监禁；情节特别严重的，处 5 年至 15 年的监禁。

2. （1982 年第 28 号国家公报修正；1993 年第 10 号国家公报修正；2002 年第 92 号国家公报修正）因过失实施前款规定的行为的，处缓刑或者 100 列弗至 300 列弗的罚金。

第 368 条（2006 年第 75 号国家公报修正）

故意违反有关对军人、预备役人员、被征募人员进行医疗检查的职责，或者违反对技术设备、交通工具以及与军事报告有关的动物、武器进行检查的职责的，处不超过 8 年的监禁；如果是在战时实施该行为的，处 5 年至 15 年的监禁。

第二节 A　妨害平时替代役罪①

第 368 条 a

保加利亚公民逃避平时替代役的，处不超过 3 年的监禁。

① 1998 年第 132 号国家公报新增。

第368条b

以造成伤残或者其他方法故意使自己或者他人不能履行平时替代役的，处不超过5年的监禁。

第368条c

使用骗术使自己或者他人免除、逃避平时替代役的，处不超过3年的监禁。

第368条d

未获正当的许可离开服平时替代役的场所，或者不去所委派的平时替代役服役场所，或者离开该场所的时间超过72小时的，处不超过3年的监禁。

第368条e

为了永久性地免于平时替代役义务而逃跑的，处1年至8年的监禁。

第368条f

以装病、伪造文书或者任何其他欺骗方法，逃避平时替代役义务，未构成处罚更为严重的其他犯罪的，处1年至5年的监禁。

第368条g

抗拒履行平时替代役义务或者有计划地逃避其义务的履行的，处不超过5年的监禁。

第三节　其他犯罪

第369条

1. 在战时不履行其有关防空、防核、防化保护职责的，处不超过2年的监禁。

2. 如果该行为导致严重后果的，处不超过8年的监禁。

第 370 条

在战时被动员服劳役的人逃避或者不履行与被指派工作有关的义务的，处不超过 5 年的监禁。

第十三章　军事犯罪

第 371 条（1982 年第 28 号国家公报修正；2006 年第 75 号国家公报修正）

下列人员应当对本章规定的犯罪承担刑事责任：

（a）《保加利亚共和国国防和武装力量法》规定的军人；

（b）隶属于其他部门的将军、军官和士兵；

（c）内务部各建制单位的国家官员、司法部各建制负责“刑罚执行”和“安全保卫”的国家官员；

（d）在发布战争动员令期间和连续进行的预备作战训练中服役的预备役人员；

（e）与上述人员已共同实施军事犯罪而未被本条前述各款包括的其他人。

第一节　危害从属关系与军队荣誉罪

第 372 条

1. 不履行或者拒绝履行上级命令的，处不超过 2 年的监禁。

2. 如果前述行为由多人实施，或者当面实施的，或者以公然进行的方式实施的，处 1 年至 5 年的监禁。

3. 对实施前述各款规定的行为情节特别严重的，处 3 年至 10 年的监禁。

第 373 条

在履行与兵役有关的职责的过程中，不执行其他军官的合法要求的，分别处以前条各款的刑罚。

第 374 条

对其上级的命令、指示公开表示不满的，处不超过 1 年的监禁。

第 375 条

对正在执行与兵役有关的职责的上级或者其他军官，以实施身体伤害或者谋杀相威胁的，处不超过 3 年的监禁。

第 376 条

1. 对正在执行与兵役有关的职责的上级或者其他军官进行抗拒的，处不超过 5 年的监禁。

2. 强迫正在执行与兵役有关的职责的上级或者其他军官违反其职责的，处与前款相同的刑罚。

3. 前述各款的行为是以持有武器的手段实施的，或者是由结伙的方式实施的，处 2 年至 8 年的监禁；情节特别严重的，处 3 年至 15 年的监禁。

第 377 条

1. （1982 年第 28 号国家公报修正）对正在执行与兵役有关的职责的上级或者其他军官实施暴力行为的，处 1 年至 10 年的监禁。

2. 如果该行为造成严重后果的，处 3 年至 15 年的监禁。

第 378 条（1982 年第 8 号国家公报修正）

1. （2006 年第 75 号国家公报修正）对第 371 条 a 项、b 项、c 项和 d 项规定的人进行侮辱、诽谤的，处不超过 1 年的监禁和公开训诫。

2. 如果前述各款规定的行为是由下级对上级实施的，或者上级对下级实施的，或者由正在执行与兵役有关的职责的军官实施的，或者对正在执行与兵役有关的职责的军官实施的，处不超过

3 年的监禁和公开训诫。

3. 在其上级不在场的情况下，以言语或者行为贬低其名誉或尊严的，处与第 2 款相同的刑罚。

第 379 条（1982 年第 28 号国家公报修正）

1. （2006 年第 75 号国家公报修正）对第 371 条 a 项、b 项、c 项和 d 项规定的人造成轻伤，未构成其他更为严重的犯罪的，处不超过 1 年的监禁。

2. 上级导致下级受轻伤，或者由正在执行与兵役有关的职责的军官实施的，或者针对不止一人实施的，处不超过 3 年的监禁。

第 379 条 a（1982 年第 28 号国家公报新增）

实施暴力、猥亵行为，极度地违反军队命令并对军人的荣誉、尊严表达公然蔑视的，未构成处罚更为严重的其他犯罪的，处 1 年至 6 年的监禁。

第二节　逃避服兵役罪

第 380 条（1982 年第 28 号国家公报修正）

1. 未获正当的许可离开其服兵役的单位或场所，或者未获正当的许可而请假或待在医疗或矫正机构不去被任命、转交、委托的职位上报到，其期间为 24 小时至 72 小时的，构成逃避兵役罪，处不超过 2 年的监禁。

2. 虽然逃避服兵役的期间未达 24 小时，但其行为是再次实施或以结伙的方式实施的，或者曾经因为逃避服兵役而被判决有罪的，处与前款相同的刑罚。

第 381 条（1982 年第 28 号国家公报修正）

逃避服兵役期间超过 72 小时，或者有计划地实施第 1 款规定的行为，或者再次实施第 1 款规定的行为，或者以结伙的方式实施第1款规定的行为的，处不超过5年的监禁。

第382条

以永久性地免除其兵役义务的履行为目的而逃跑的，处1年至8年的监禁。

第383条

1.（1982年第28号国家公报修正）以装病、伪造文书或者其他欺骗方法逃避服兵役，未构成处罚更为严重的其他犯罪的，处1年至5年的监禁。

2. 以导致自己生病的方式逃避服兵役义务的，处1年至8年的监禁。

3. 实施前述各款行为情节特别严重的，处3年至10年的监禁。

第384条（1982年第28号国家公报废止）

第385条

拒绝履行兵役义务或者有计划地逃避义务履行的，处不超过5年的监禁。

第386条

1.（1986年第89号国家公报修正）以未获得有权机关的许可离开国内为手段，导致逃避兵役结果的，处1年至8年的监禁。

2.（以前的第1款——1986年第89号国家公报修正）以未获得有权机关的许可而离开国内或者不在规定时间内回国的方式逃避兵役，如果未构成处罚更为严重的其他犯罪的，处3年至10年的监禁。

3.（以前的第2款——1982年第28号国家公报补充；1986年第89号国家公报修正）对前述各款行为的犯罪预备，处不超过5年的监禁。

第三节 渎 职 罪

第387条

1. 滥用职权或者官员身份，不履行其职责或超越其职权，造成损害后果的，处不超过3年的监禁。

2. （1982年第28号国家公报修正）如果该行为造成严重后果或由上级有计划地对其下属实施的，处1年至8年的监禁。

3. （1986年第89号国家公报新增；2006年第75号国家公报修正）如果行为人是出于为本人或他人获取财产利益或者造成他人损失的目的而实施前款规定的犯罪的，对前条第1款规定之行为处不超过5年的监禁，对第2款规定之行为处3年至8年监禁，情节特别严重的，处不超过10年监禁，同时法院可以处以剥夺第37条第1款第6项规定的权利。

4. （1982年第28号国家公报新增；以前的第3款——1986年第89号国家公报修正）如果是过失造成危害后果的，其处罚为：对实施第1款规定的行为的，处不超过2年的监禁；对实施第2款规定的行为的，处不超过5年的监禁。

第388条（1982年第28号国家公报修正与补充）

1. 因过失违反职责或因过失未履行其官员职责，造成损害后果，未构成其他更为严重的犯罪的，处不超过2年的监禁。

2. 如果该行为造成严重后果的，处不超过5年的监禁。

第四节 妨害与警戒、保卫、巡逻、内务、边境有关职责罪

第389条

1. 故意或者过失地违反有关警戒、保卫、巡逻的法规或者根

据这些法规所发布的命令的，处不超过 1 年的监禁。

2. 在具有特别重大的国家意义、军事意义的地点实施前款犯罪的，处不超过 3 年的监禁。

3. 为了妨碍预定的警戒、保卫、巡逻活动而实施该行为，且该行为伴随有损害后果的，处 1 年至 8 年的监禁。

4. 对实施第 2 款和第 3 款规定的行为情节特别严重的，处 3 年至 10 年的监禁。

第 390 条

受委派负责从事防空、防核、防化、健康保护、水域防卫的监控、通知工作的特遣人员，违反规定的监控、通知规范的，适用前条各款的规定。

第 391 条

1. 进行 24 小时连续值勤的特遣人员故意或者过失地违反内务工作规范的，处不超过 6 个月的监禁。

2. 如果为了妨碍预定的值勤活动而实施该行为，且该行为伴随有损害后果的，处不超过 2 年的监禁。

3. 如果该行为属于情节严重的，处不超过 3 年的监禁。

第 392 条

1. 边境特遣人员故意或者过失地违反国境保卫规定的，处不超过 3 年的监禁。

2. 如果该行为表现为未获得批准便放弃或者不到岗对某处或者某段国境的保卫的，处 1 年至 8 年的监禁。

3. 对实施前述各款规定的行为情节特别严重的，处 3 年至 15 年的监禁。

第五节　其他军事犯罪

第 393 条（2004 年第 26 号国家公报修正）

以任何方式泄露具有军事性质的国家秘密或者根据保加利亚共和国作为当事方的国际协议所获得的国外情报的，处 3 年至 10 年的监禁。

第 394 条（1982 年第 28 号国家公报废止）

第 395 条

抛弃、丢失由于其职务而交给其个人使用的物品，且情节严重的，处不超过 1 年的监禁。

第六节　在战时、战争状态或在国外执行任务时实施的军事犯罪①

第 396 条（1982 年第 28 号国家公报修正；2006 年第 75 号国家公报补充）

在战时、战争状态或在国外执行任务时实施下列军事罪的，其刑罚为：

1. 对实施第 387 条第 3 款前段、第 388 条第 1 款和第 391 条规定的行为，处不超过 5 年的监禁；

2. 对实施第 373 条第 1 款、与第 372 条第 1 款相关的犯罪、第 374 条、第 375 条、第 380 条、第 387 条第 3 款第二段和第 388 条第 2 款规定的行为，处不超过 8 年的监禁；

3. 对实施第 381 条、第 385 条、第 386 条第 2 款、第 387 条第 1 款规定的行为，处 3 年至 10 年监禁；

---

① 2006 年第 75 号国家公报修正了节名。

4. 对实施第373条、与372条第2款和第3款有关的犯罪、第387条第2款、第389条第2款和第3款、第390条规定的行为，处3年至15年监禁。

第397条

1.（1998年第153号国家公报修正；2006年第75号国家公报补充）在战时、战争状态或在国外执行任务时实施第372条第2款、第3款、第376条、第377条第2款、第382条、第383条第3款规定的行为的，处5年至20年监禁或者不可变更的终身监禁。

2.（1982年第28号国家公报修正；1998年第153号国家公报修正；2006年第75号国家公报补充）在战时、战争状态或在国外执行任务时实施第101条第2款和第386条第1款规定的行为的，处20年监禁或不可变更的终身监禁。

第397条a（1982年第28号国家公报新增）

1.（2006年第75号国家公报补充）在战时、战争状态或在国外执行任务时，未获得可擅自离开其岗位或者不到岗位不足24小时的，处不超过5年的监禁。

2.（2006年第75号国家公报补充）在战时、战争状态或在国外执行任务时，因过失不到岗位超过24小时的，处不超过5年的监禁。

第七节　有关军事行动的犯罪

第398条

1. 上级：

（a）在面临即将被敌人俘虏的危险时，不毁灭作战工具或使其陷入无法使用状态，或者不为毁灭工具或使其陷入无法使用状态采取适当的措施的；

（b）在必须采取军事行动时，没有接到军事行动的命令，如果不及时地请求上级发布这种命令，或者在紧急情况下不自发地采取军事行动，且未构成处罚更为严重的其他犯罪的，

处 3 年至 15 年的监禁。

2. 因过失实施该行为的，处不超过 5 年的监禁。

第 399 条（1998 年第 153 号国家公报修正）

指挥官没有尽力履行其职责而离开其军舰，导致军舰毁坏，或者军舰的船员未获其指挥官的命令而离开军舰的，处 10 年至 20 年的监禁或者不可变更的终身监禁。

第 400 条（1982 年第 28 号国家公报修正；1998 年第 153 号国家公报修正）

在战斗过程中未获批准离开战场，或者因为恐惧或胆怯而放弃抵抗成为俘虏，或者在战斗中拒绝使用武器的，处 20 年的监禁或者不可变更的终身监禁。

第 401 条

在被俘期间，自愿参与随后进行的军事行动，未构成处罚更为严重的其他犯罪的，处 2 年至 8 年的监禁。

第 402 条

在被俘期间，作为上级虐待其他战俘的，处 2 年至 8 年的监禁。

第 403 条

在被俘期间，为了获得自身利益或获得敌人的优待，对其他战俘实施损害行为的，处 1 年至 5 年的监禁。

第 404 条

抢劫、盗窃、侵占、破坏、毁灭、非法攫取军事行动地区内人民的财产，未构成处罚更为严重的其他犯罪的，处 3 年至 15 年

的监禁；情节特别严重的，处10年至15年的监禁。

第405条

以侵占为目的，在战场上攫取伤员、战俘、战死者的财产，未构成处罚更为严重的其他犯罪的，处3年至15年的监禁；情节特别严重的，处10年至15年的监禁。

附加条款

第406条

1.（1998年第153号国家公报修正）对本章规定的犯罪，如果法定的刑罚是超过10年的监禁或者不可变更的终身监禁的，则法院也可以处以剥夺第37条第1款第6项、第7项、第9项和第10项规定的权利。

2. 对于第386条和第393条规定的犯罪，法院也能处以剥夺第37条第1款第9项和第10项规定的权利。

3.（1982年第28号国家公报修正；2005年第86号国家公报废止）

4.（1982年第28号国家公报修正；2005年第86号国家公报废止）

第十四章　破坏和平与危害人类罪

第一节　破坏和平罪

第407条

以任何方式的战争进行鼓吹宣传的，处不超过8年的监禁。

第 408 条

以印刷品、语言、无线电或者任何其他方法挑起一个国家对另一个国家发动武装进攻的，构成煽动战争罪，处 3 年至 10 年的监禁。

第 409 条（1998 年第 153 号国家公报修正）

计划、准备、进行侵略战争的，处 15 年至 20 年的监禁或者不可变更的终身监禁。

第二节　违反战争法规与惯例罪

第 410 条

违反国际战争法：

（a）对伤员、病人、船只失事人员、卫生人员实施杀害、酷刑、不人道对待、生物学实验，或者对他人下达实施这种行为的命令，或者命令对这些人实施遭受身体痛苦、侮辱或进行其他损害健康的行为的；

（b）对卫生材料或者设备进行重大毁坏或者侵占，或者对他人下达命令实施这种行为的，

（1998 年第 153 号国家公报修正）处 5 年至 20 年的监禁或者不可变更的终身监禁。

第 411 条

违反国际战争法：

（a）对战俘实施杀害、酷刑、不人道对待、生物学实验、遭受身体痛苦、侮辱或进行其他损害健康的行为，或者对他人下达实施这种行为的命令的；

（b）强迫战俘在敌对国家的武装力量中服务的；

（c）剥夺战俘在正当程序之下和公允的法庭进行诉讼的权

利的，

（1998 年第 153 号国家公报修正）处 5 年至 20 年的监禁或者不可变更的终身监禁。

第 412 条

违反国际战争法：

（a）对平民实施杀害、酷刑、不人道对待、生物学实验、遭受身体痛苦、侮辱或进行其他损害健康的行为，或者对他人下达实施这种行为的命令的；

（b）劫持人质或者对他人下达这种命令的；

（c）进行非法的驱逐、迫害、羁押，或者对他人下达这种命令的；

（d）强迫平民在敌对国家的武装力量中服务；

（e）剥夺平民在正当程序之下和公允的法庭进行诉讼的权利；

（f）以非法和蛮横的方式对财产进行大规模的破坏、侵占，或者对他人下达这种命令的，

（1998 年第 153 号国家公报修正）处 5 年至 20 年的监禁或者不可变更的终身监禁。

第 413 条

无权利而佩戴红十字会或红新月会的徽章，或者非法使用红十字会或红新月会的被确定用于表明卫生撤离交通工具的旗帜或标记的，处不超过 2 年的监禁。

第 414 条

1. 违反国际战争法，摧毁、破坏文化、历史文物、艺术作品，或者具有文化、科学、慈善意义的建筑物和机构，或者使其陷入不适宜状态的，处 1 年至 10 年的监禁。

2. 窃取、侵占、隐匿前款所说的物品，或者征用、没收这些

物品的，处与前款相同的刑罚。

第415条

1.（1997年第62号国家公报补充；2002年第92号国家公报修正）违反国际战争法，使用核武器、化学武器、细菌武器、生物武器、毒害武器或其他被禁止的手段、方法的，处3年至10年的监禁。

2.（1998年第153号国家公报修正）如果前款行为导致特别严重的后果的，处10年至20年的监禁或者不可变更的终身监禁。

第415条a（2002年第92号国家公报修正）

对实施核武器、化学武器、细菌武器、生物武器、毒害武器作为战争手段行为之犯罪预备，处1年至6年的监禁。

第三节　种族灭绝与隔离罪①

第416条

1. 以全部或者部分地消灭某一特定的民族、人种、种族或宗教团体为目的：

（a）造成属于这些团体的一个成员死亡、重伤或者永久性的精神失常的；

（b）将这些团体置于意图导致其全部或部分成员的肉体灭绝的生存条件之下的；

（c）采取措施以阻碍这些团体进行生育的；

（d）强迫将一个团体的孩子转让给其他团体的，

（1998年第153号国家公报修正）构成种族灭绝罪，处10年至20年的监禁或者不可变更的终身监禁。

① 1975年第95号国家公报修正了节名。

2.（以前的第147条的内容——1975年第147号国家公报修正）对实施种族灭绝罪的犯罪预备，处2年至8年的监禁。

3.（以前的第418条的内容——1975年第95号国家公报修正）明确而直接地煽动种族灭绝的，处1年至8年的监禁。

第417条（1975年第95号国家公报修正）

以建立、维持一个种族团体对另一个种族团体的支配、压迫为目的：

（a）导致该团体成员中一人或者一人以上的人死亡、重伤的；

（b）将这些团体置于意图导致其全部或部分成员的肉体灭绝的生存条件之下的，

（1998年第153号国家公报修正）构成种族隔离罪，处10年至20年的监禁或者不可变更的终身监禁。

第418条（1975年第95号国家公报新增）

出于前款所规定的目的：

（a）非法关押某一种族的成员或者强制其从事劳动的；

（b）制定措施阻碍某一种族的成员参加国家的政治生活、社会生活、经济生活和文化生活，制定妨碍某一种族成员充分发展的前提条件，尤其是剥夺其成员的基本自由和公民权利的；

（c）通过设立专用地区、分离区、禁止不同种族成员之间通婚或剥夺其所拥有的地产的手段等措施，根据种族的不同进行隔离的；

（d）因为敌视被隔离者而剥夺该组织或其成员的基本权利和自由的，

处5年至15年的监禁。

补 充 条 款

第 419 条

故意允许其下属实施本章规定的犯罪的，以前述各条规定的犯罪的共同犯罪论处。

过渡与终止条款

第 420 条

本法典将从 1968 年 5 月 1 日起生效，并将下列法典予以废止：

1. 1951 年刑法典；

2. 1951 年治安保护法；

3. 关于加强与逃避社会有益劳动和奉行反社会寄生生活方式的人作斗争的法令。

第 421 条

被剥夺选举权、被选举权或者一定的退休金（1951 年刑法典第 28 条第 1 项和第 4 项）的人，从本法典生效之日起免除其刑罚执行。

第 422 条

以前被判处死刑的人，如果所实施的是本法典没有再规定为死刑的刑罚，则将其替代为 20 年的监禁。本条这一规定从本法典公布之日起生效。

第 423 条

根据《关于加强与逃避社会有益劳动和奉行反社会寄生生活方式的人作斗争的法令》而适用的措施，在本法典生效之前应当依据命令执行，第 1 条第 1 款 b 项规定的这些措施的最长期限应当减至 3 年。

第 424 条（1969 年第 92 号国家公报修正；1975 年第 95 号国家公报修正；1977 年第 3 号国家公报修正；1979 年第 89 号国家公报补充；1982 年第 28 号国家公报修正与补充；1986 年第 89 号国家公报修正）

1.（1993 年第 10 号国家公报修正；1997 年第 62 号国家公报补充；2000 年第 51 号国家公报修正；2006 年第 75 号国家公报修正）对第 135 条第 5 款、第 218 条 b、第 225 条 b 第 3 款、第 228 条第 3 款、第 231 条第 2 款、第 232 款第 3 款、第 242 条第 6 款、第 277 条第 2 款、第 278 条 c 第 2 款、第 352 条第 4 款、第 352 条 a 第 3 款、第 5 款和第 353 条第 4 款规定的行为，应当适用《行政违法行为与处罚法》的规定。

2.（1991 年第 1 号国家公报修正；1993 年第 10 号国家公报补充；1997 年第 62 号国家公报修正）处罚决定将由下列人员签发：

（a）第 135 条第 5 款中规定的行为，由卫生部长签发；

（b）（1986 年第 89 号国家公报修正；1997 年第 62 号国家公报修正；2006 年第 75 号国家公报修正）第 255 条 b 第 3 款中规定的行为，由商务部长或者财政部长签发；第 228 条第 3 款和第 231 条第 2 款中规定的行为，由商务部长或者标准化与度量衡委员会主席签发；

（c）第 232 条第 3 款中规定的行为，由商务部长、财政部长或者标准化与度量衡委员会主席签发；

（d）（2000 年第 51 号国家公报补充；2006 年第 75 号国家公报修正）第 242 条第 6 款中规定的行为，由财政部长签发。

（e）第 278 条 c 第 2 款、第 352 条第 4 款、第 352 条 a 第 3 款和第 5 款和第 353 条第 4 款中规定的行为，由环境部长签发；如果是与海域污染有关的违法行为，则由环境部长与交通部长共同签发。

3. 在前款规定情形中，处罚的命令也可以由各有关的行政机关首长指定的官员负责签发。

4. 依据第 277 条第 2 款科处的行政处罚性罚款，不必按照

《行政违法行为与处罚法》第36条的规定来签发命令，应当由地区法官判处。对法官的这一裁定不许上诉，但可以根据《行政违法行为与处罚法》第65条至第69条规定的条件申请复议。

5.（1993年第10号国家公报修正）对根据第218条b规定科处的行政处罚性罚款，应当由市长根据检察官、企业、机构或管理机关移送给其的材料为依据，签发处罚令予以适用。如果该违法行为是由内务部所属机关处理的，则应当由内务部长或者其授权的人签发处罚命令。

6.（1982年第28号国家公报新增；2005年第86号国家公报修正）对于军人和隶属于其他部门的军官和军士，其相应的上级和监督人为了进行纪律处分，有权利在必要的时候对其适用本法典规定的行政处罚。对这些处罚决定的申诉，由军事法院审理。

7.（1982年第28号国家公报新增；2005年第86号国家公报废止）

8.（1993年第10号国家公报修正；2002年第92号国家公报修正）第225条b第3款规定情节轻微的情况下，有权的管理机关可以根据《行政违法行为与处罚法》第39条第2款规定命令当场处以100列弗至300列弗的罚金。

第425条（1993年第10号国家公报新增；1999年第51号国家公报废止）

第426条（1995年第50号国家公报新增）

根据第342条第4款后段规定的永远剥夺驾驶机动交通工具的权利的处罚，其复权时间不能早于监禁刑服刑完毕之日起满三年之日，而且必须参加获得驾驶机动交通工具权利的考试。

其他法律中的修正

1.《保加利亚国籍法》中的修正

第26条中“在特别重要的情况下——处以监禁”被删除。

2.《森林法》中的修正

（1）第42条第1款中，在“裁截或砍倒”后增加“当损失的额度不足100列弗时”，该条第2款予以废止；

（2）第43条中，“第1款”和末尾的“本条第2款规定的情况中——处不超过3年的监禁或矫正劳动”予以删除；

（3）第45条第1款中，在“森林苗圃”后增加“如果损失的数额不足100列弗”；

（4）第52条第2款中，“处以不超过3小时的监禁或矫正劳动”替换为“处以不超过500列弗的罚金”。

3.《植物病虫害防治法》中的修正

第10条第1款中，在“植物的检疫期”之后增加“由于该行为不构成犯罪”；删除“处以不超过5年的监禁，在情节轻微的情况下”。

4.《关税法》中的修正

（1）第51条第1款中，在“根据规定的程序”之后增加“由于该行为不构成犯罪”。

（2）第51条第2款修改为：“对于走私物品，包括主要用于运输走私物品或携带走私物品通过边境的交通工具与搬运机械，无论其归谁所有，应当没收归国有。如果这些财产不知所踪或者已被转让给他人的，则应当以相应的零售价格为标准裁定其交纳同等价值的金钱。”

（3）第52条、第53条、第54条和第59条中，“应当被没收”替换为“应被没收归国有”，第 61 条中，“没收”替换为“没收归国有”。

（4）第 55 条和第 57 条予以废止。

5.《货币价值交易与货币管制法》中的修正

（1）第 37 条和第 38 条第 2 款中，“根据第 240 条的规定”修改为“根据第 250 条的规定”；

（2）第 39 条修改为：

“刑法典第 250 条第 3 款规定的行为，适用刑事诉讼法第 28 章的规定。

“有关的处罚决定由财政部长或其授权的官员签发。

“如果行为对象的价值不足 20 列弗的，证实其实施违法行为的机关或者其他得到合法授权的人，可以对行为人处以价值之双倍的罚款。对罚款不服的，则应当向财政部申诉。”

6.《租赁法》中的修正

第 37 条中，删除“处以不超过 1 年的监禁或者”的规定。

7.《空气污染、水污染与土壤污染防治法》中的修正

第 18 条和第 19 条被废止。

8.《居住区发展计划法》中的修正

第 67 条第 1 款中，“处以不超过 1 年的监禁”替换为“处以不超过 1000 列弗的罚金”。

9.《狩猎法》中的修正

第 21 条修改为：

“未获合法许可杀害、捕捉牡鹿、赤鹿、野山羊、达摩鹿、狍、熊、野猪等大型野生动物的，应根据刑法典第 237 条第 1 款的规定追究其刑事责任。

“没有狩猎许可证的人，杀害、猎捕野兔、貂、山毛榉貂、松鸡、雉鸡、山鹧鸪、鹌鹑的，或者虽然是持有狩猎许可证的

人，但在禁猎期、禁猎区或者使用禁止的工具杀害、猎捕上述野生动物的，应当根据刑法典第 237 条第 2 款的规定追究其刑事责任。

“没有狩猎许可证的人，杀害、猎捕野鹅、野鸭、鸨、松鼠、鸽子、斑鸠、鹌鹑或其他任何能用作狩猎目标的野生动物的，处以不超过 50 列弗的罚款。

“虽然是持有狩猎许可证的人，但在禁猎期、禁猎区或者使用禁止的工具杀害、猎捕前款规定的野生动物的，处与前款规定的同样的处罚。

“被杀害或猎捕的野生动物应当没收归国有，如果不知所踪或者被转让他人的，则应当支付同等价值的金钱。”

10.《渔业法》中的修正

（1）第 23 条第 2 款被废止；

（2）第 24 条和第 35 条被废止。

11.《爆炸物、武器和弹药管制法》中的修正

第 14 条中，“监禁”一词予以删除。

对刑法典进行修正的法案中的过渡与终止条款

《对刑法典进行修正与补充的法案》(SG 28/82)

之此类条款(1982 年第 28 号国家公报修正)

151. 对于依据本法应当根据被害人的告诉提起刑事追诉的犯罪案件,第 84 条第 1 款和第 2 款规定的期间应当从本法生效时起计算。对尚未处理完的案件,应当适用以前的规定。

159. 本法从 1982 年 7 月 1 日起生效。

《对刑法典进行修正与补充的法案》(1993 年第 10 号国家公报修正)之此类条款(1993 年第 10 号国家公报修正)

43.《保加利亚刑法典》中的每一处“保加利亚人民共和国”替换为“保加利亚共和国”,“人民共和国”替换为“共和国”,“人民志愿队”替换为“警察”,“社会主义经济”与“人民经济”替换为“经济”,“社会主义道德”替换为“良好的道德”,“国务委员会”替换为“总统”。

《对刑法典进行修正与补充的法案》(SG 62/97)

之此类条款(1997 年第 62 号国家公报修正)

75. 第 255 条和第 257 条的规定在本法于《国家公报》上公布 3 个月后生效。如果在这一期间内将未申报和缴纳的税款及其利息缴纳的,则不应启动审前准备程序。

《对刑法典进行修正与补充的法案》(2000 年第 21 号国家公报修正)之此类条款(2000 年第 21 号国家公报修正)

26. 针对第 146 条至第 148 条 a 规定之犯罪在本法生效之前进行的悬而未决的诉讼,如果被害人在本法生效之后 3 个月内提出告诉的,则应当按照以前的规定进行处断。

《对刑法典进行修正与补充的法案》(SG 92/02;SG 26/04;SG 103/04)之此类条款(2002 年第 92 号国家公报公布;2004 年第 26 号国家公报修正;2004 年第 103 号国家公报修正)

87. 刑法典分则中的每一处"不超过 100 列弗的罚金"替换为"不超过 300 列弗的罚金"。

88. 刑法典总则中的全部"强制移民"和"剥夺在特定城市居住的权利"予以删除,刑法典分则中的"强制移民"替换为"缓刑"。

《对刑法典进行修正与补充的法案》(SG 92/02;SG 26/04;SG 103/04;SG 86/05)之此类条款(2002 年第 92 号国家公报公布;2004 年第 26 号国家公报修正;2004 年第 103 号国家公报修正;2005 年第 86 号国家公报修正)

89. (2004 年第 26 号国家公报修正)对第 23 条第 2 款、第 37 条第 1 款、第 42 条 a、第 48 条、第 49 条第 1 款、第 50 条第 2 款、第 55 条第 1 款第 2 项、第 59 条第 1 款关于缓刑的规定、第 62 条第 1 款 a 项、第 63 条第 1 款、第 66 条、第 67 条、第 68 条第 3 款、第 70 条第 4 款、第 5 款、第 6 款、第 72 条、第 86 条第 1 款第 2 项、第 87 条第 3 款、第 202 条第 3 款和第 203 条第 2 款的修正,从 2005 年 1 月 1 日起生效。

90. (2004 年第 103 号国家公报新增;2005 年第 86 号国家公报修正)在本法生效之前根据第 26 条(从 1997 年 8 月 1 日起生效)规定的条件作出的生效判决认定的累犯,对其所犯各罪被判处的刑罚都应当实际执行,但最重不能超过其所犯各罪中最重之罪的法定最高刑。根据刑事诉讼法第 306 条的规定确定刑罚。

91. 针对第 172 条第 2 款、第 182 条第 2 款和第 183 条规定之犯罪在本法生效之时仍悬而未决的诉讼,如果被害人在本法生效之后 3 个月内提出告诉的,则应当按照以前的规定进行处断。

《对刑法典进行修正与补充的法案》（SG 103/04）之此类条款
（2004 年第 103 号国家公报修正）

43. 刑法典分则中的“矫正劳动”替换为“缓刑”。

46. 本法从 2005 年 1 月 1 日起生效，但第 44 条从本法在国家公报上公布之日起生效。

《法院个人执行员法》（SG 43/05）之此类条款
（2005 年第 43 号国家公报修正）

23. 本法从 2005 年 9 月 1 日起生效。

《对医师和护士联合协会法进行修正的法案》
（SG 76/05）之此类条款（2005 年第 76 号国家公报修正）

15. 本法从 2007 年 1 月 1 日起生效。

《刑事诉讼法》（SG 86/05）之此类条款
（2005 年第 86 号国家公报公布，2006 年 4 月 9 日生效）

18. 本法典从其在国家公报上公布后 6 个月起生效。

《信用机构法》（SG 59/06）之此类条款
（2006 年第 59 号国家公报公布）

36. 本法从保加利亚共和国加入欧洲联盟条约生效之日起生效，但第 35 条第 2 款从本法在国家公报上公布之日起生效。

《对刑法典进行修正与补充的法案》（SG 75/06）之此类条款
（2006 年第 75 号国家公报公布，2006 年 10 月 13 日生效）

73. 本法典分则中的“第 37 条”替换为“第 37 条第 1 款”，“民兵”替换为“预备役军人”，“总动员令”替换为“动员令”。

77. 本法从其在国家公报上公布后 1 个月起生效。